PERSIAN ACADEMIC READING (PAR)

Persian Academic Reading (PAR) is the first textbook for advanced learners of Persian/Farsi who are interested in learning academic Persian. No other textbook teaches skills required to comprehend modern academic Persian.

This textbook includes passages selected from a diverse number of fields including history, philosophy, cultural studies, political sciences, economics, literature, religious studies, and tourism. The book covers essential reading skills an advanced learner needs to understand texts in humanities and social sciences. Numerous exercises in each unit help learners mastermind many frequent terms and phrases in modern academic Persian. Variety of exercises ensure maximized exposure to current discourses in academic Persian. Each unit offers several optional exercises for learners who would like to practice writing in academic Persian. Unlike many other textbooks, the contents of the book are all authentic passages published in Persian journals. This selection guarantees reliability and validity of each text. Instead of dealing with fictitious texts of one single author, readers are provided with real texts of different styles and tastes. This textbook comprises fourteen units and can be a serious choice for students of undergraduate and graduate levels with a strong background in modern Persian. It can also help practitioners and professionals interested in Persian to improve their knowledge of academic Persian. This book comes with a comprehensive key to assist learners interested in self-studying.

Persian Academic Reading (PAR) is a pioneering textbook in accommodating reading skills of learners who would like to open doors to a plethora of academic texts in Persian.

Abbas Aghdassi is an instructor at the Ferdowsi University of Mashhad. Among his interests are language teaching, oral interpretation, linguistic rights, Muslim minority studies, and ethnic religiosity. He has been involved in translating several books into Persian, including *Shiism in America*, and Routledge's recent title, *Being a Successful Interpreter*.

PERSIAN ACADEMIC READING (PAR)

Abbas Aghdassi

Routledge
Taylor & Francis Group
LONDON AND NEW YORK

First published 2019
by Routledge
2 Park Square, Milton Park, Abingdon, Oxon OX14 4RN

and by Routledge
711 Third Avenue, New York, NY 10017

Routledge is an imprint of the Taylor & Francis Group, an informa business

© 2019 Abbas Aghdassi

The right of Abbas Aghdassi to be identified as author of this work has been asserted by him in accordance with sections 77 and 78 of the Copyright, Designs and Patents Act 1988.

All rights reserved. No part of this book may be reprinted or reproduced or utilised in any form or by any electronic, mechanical, or other means, now known or hereafter invented, including photocopying and recording, or in any information storage or retrieval system, without permission in writing from the publishers.

Trademark notice: Product or corporate names may be trademarks or registered trademarks, and are used only for identification and explanation without intent to infringe.

British Library Cataloguing-in-Publication Data
A catalogue record for this book is available from the British Library

Library of Congress Cataloging-in-Publication Data
A catalog record for this book has been requested

ISBN: 978-1-138-06528-4 (hbk)
ISBN: 978-1-138-06529-1 (pbk)
ISBN: 978-1-315-15983-6 (ebk)

Typeset in Bembo and IRMitra
by Apex CoVantage, LLC

تقدیم به فارسی‌آموزانی که با سعدی هم‌داستان‌اند:

به راه بادیه رفتن، به از نشستن باطل
و گر مراد نیابم، به قدر وسع بکوشم

CONTENTS

سخن نخست	3
درس یک: تمدّن	7
درس دو: سکونت‌های آغازین	15
درس سه: مهاجرت گروهی	23
درس چهار: زیست شهری	31
درس پنج: خانواده	39
درس شش: گردشگری	47
درس هفت: اقتصاد	55
درس هشت: قدرت	63
درس نه: تعزیه	72
درس ده: فارسی و عربی	81
درس یازده: کتاب و هویت	90
درس دوازده: ادبیات کودکان	99

viii Contents

108	درس سیزده: ادیان ابراهیمی
117	درس چهارده: سینما
126	کلید پیشنهادی
155	نمایه

به نام آفریدگار مهربان

سخن نخست

اثر پیش رو، برگرفته از ایده و طرح درس‌هایی است که نخستین بار در دورهٔ آموزش زبان فارسی، در رشتهٔ مطالعات ایرانِ دانشگاه تهران شکل گرفته است. در کنار گروهی از دانشجویان ارشد غیر ایرانی (که آشنایی خوبی با زبان فارسی داشتند) این مهم مطرح بود که چگونه می‌توان این افراد را با زبان فارسی پیشرفته، آن هم با هدف خواندن متون دانشگاهی، آشنا کرد. نکتهٔ حائز اهمیت، تأکید بر توانمندسازی این افراد در بهره‌گیری از منابع دست اول فارسی، در پژوهش‌های دانشگاهی نوین بود. پس از اندکی جستجو و مشورت با برخی همکاران، پی بردم که منبعی روزآمد و مناسب دانشجویان سطوح پیشرفتهٔ زبان فارسی در دسترس نیست که بر مهارت خواندن دانشگاهی تمرکز کند.

همین امر شد جرقهٔ ساعت‌ها و ماه‌ها کار برای تولید طرح درس و مطالبی آموزشی که به این مهم بپردازد: خواندن فارسی دانشگاهی.[1] سرواژهٔ این نام، یعنی "پَر"، به خیال نگارندهٔ آن، هم پرِ نگارش است، هم پرِ علم آموزی است،[2] هم پر گُل، و شاید هم پرِ کاه! به هر تقدیر، "پَر" هرچه باشد، همینی است که اکنون مقابل دیدگان خواننده است.

از آن دورهٔ آموزش زبان فارسی به بعد، همواره در این اندیشه بوده‌ام که چرا علیرغم وجود منابع علمی غنی فراوان به زبان فارسی، کمتر توجهی به این منابع از سوی غیرفارسی‌زبانان صورت می گیرد. طبق گزارش سامانهٔ نشریات علمی وزارت علوم ایران، در سال ۱۳۹۶ خورشیدی، عدد نشریات معتبر داخلی ۱۲۴۵ نشریه بوده است.[3] این مطلب یعنی روزانه صدها مقاله و اثر پژوهشی در حوزه‌های مختلف ادبیات، هنر، دین، سیاست، جامعه‌شناسی، تاریخ و غیره به زبان فارسی نوشته می‌شود که خوشبختانه تقریباً تمام این مطالب از طریق سامانه‌های متن باز در دسترس عموم پژوهشگران است. به استثنای مواردی معدود که شاید مایهٔ علمی کمتری برای ارائه داشته باشد، آثار قلمی ارزشمندِ فراوانی در میان این انبوه نوشتارهای علمی یافت می‌شود.

بدون شک، در حوزهٔ علوم انسانی، حجم بسیار اندکی از این مطالب به انگلیسی برگردان می‌شود. اگر هم در مواردی آثار فارسی به انگلیسی ترجمه شده، بیشتر ناظر به منشورات کتابی بوده است و نه مقالات و نوشتارهای خُرد علمی. مشکل نیروی انسانی و هزینه‌های بالای ترجمه، در کنار برخی مسائل دیگر، باعث شده کمتر اثر پژوهشی‌ای از فارسی به انگلیسی یا سایر زبان‌های دنیا برگردان شود. انگار کمتر پژوهشگر خارجی‌ای توانسته به منابع فارسی استناد کند و این شده که حجم وسیعی از اطلاعات پژوهشی تنها در جغرافیای ایران مورد استفاده قرار گرفته است. برعکسِ برخی رشته های علوم پزشکی و علوم پایه که دادوستد نسبتاً خوبی با منابع غیرفارسی دارد و مورد استناد غیرفارسی زبانان قرار می‌گیرد، سایر منابع علوم اجتماعی و علوم انسانی، به واسطهٔ ناآشنایی پژوهشگران بین‌المللی با فارسی دانشگاهی، چندان مورد توجه قرار نمی‌گیرد.

1 Persian Academic Reading *(PAR)*

2 که گفت «چنین داد پاسخ که دانا به فر . . .. بگیرد جهان سربه سر زیر پر». (فردوسی)

3 بنگرید به: *سامانهٔ رتبه بندی نشریات علمی*، به آدرس (http://journals.msrt.ir)

در این وضعیت، به باور نگارنده، گامی هرچند کوچک، می‌تواند آموزش فارسی دانشگاهی به علاقه‌مندان به این زبان باشد. صد البته، اثر پیش رو ادعایی در جامعیت و کمال ندارد؛ چراکه اساساً چنین کاری خارج از توان یک و حتی چند نفر است. همچنین، باید دانست در زمان نگارش این اثر تعریف واحدی از فارسی دانشگاهی وجود ندارد که بتوان بر اساس آن معیار، جامعیت زبانی یک اثر را مورد سنجش و واکاوی قرار داد. این تعریف نیازمند پژوهش‌های مبسوط و پیکره‌ای از سوی زبان‌شناسان زبده است که خود نیازمند پژوهش‌های گسترده‌تر است.

با همهٔ این مسائل، سعی شده در اثر حاضر با انتخاب بخش‌هایی از مقالات دانشگاهی (که همه در نشریات مختلف علمی به چاپ رسیده است[4]) برخی واژگان، ساختارها، عبارات و تا حدودی شیوه‌های نگارشیِ پرکاربرد، آموزش داده شود. تصور نگارنده این است که برخی واژگان و اصطلاحات و احیاناً ساختارهای زبانی، بخشی از گفتمان کنونی فارسی دانشگاهی را رقم می‌زند. دانستن این موارد می‌تواند به خوبی خوانندهٔ غیرفارسی‌زبان را، در استفاده از متون علمی روزآمد فارسی، یاری دهد.

تأکید بر این مطلب ضروری می‌نماید که متن‌های انتخابی در این کتاب حاصل تخیل نگارنده نیست. تصور این بوده است که کُنه متن فارسی دانشگاهی، آن چیزی است که مراحل مختلف نگارشی، داوری، بازنویسی و چاپ را پشت سر گذاشته و در نشریه‌ای مورد تائید به چاپ رسیده است؛ نه متنی که حاصل قلم و پندارهای علمی نگارنده باشد. از طرفی، گسترهٔ علوم زمانهٔ ما فراتر از آنی است که فردی بخواهد داعیهٔ تبحر در زمینه‌های مختلف علمی را داشته باشد. در متون انتخاب شده، فرض بر آن بوده که این مقالات از لحاظ روایی، پایایی و وثوق علمی مورد تائید بوده که در نشریه‌ای دارای اعتبار پژوهشی انتشار یافته است.

پیش از پرداختن به برخی ویژگی‌های کتاب حاضر لازم است مواردی به سمع خوانندهٔ گرامی برسد. دانستن این موارد موجب می شود دیدگاه مؤلف در تدوین و نگارش کتاب بهتر شناخته شده و استفاده از کتاب آسان‌تر شود.

یک) در تمامی متن‌های انتخابی این اثر سعی بر آن بوده است که شیوهٔ نگارشی نویسندهٔ اصلی حفظ شود. تلاش این‌جانب آموزش به نگاری یا درست نویسی نبوده است؛ بلکه کوشش شده سیاق نگارشی هر نوشتار رعایت گردد. این مهم می‌تواند به خوبی نشان دهد چه شیوه‌های متنوع نگارشی‌ای در فارسی دانشگاهی معاصر رایج است. از همین رو، به استثنای مواردی انگشت‌شمار، دخل‌وتصرفی در علائم نگارشی، کاربرد واژگان، جدانویسی‌ها، فاصله‌گذاری‌ها و سایر عناصر صوریِ نگارش صورت نگرفته است. فلذا، ممکن است در متنی واژه‌ای به صورت "رئیس" نوشته شده باشد و در متنی دیگر شکل "رییس" ثبت شده باشد. نظیر همین است نگارش: "به‌صورت"، "به صورت"، "بصورت"؛ و یا "میرود"، "می‌رود" و "می رود". در برخی از این موارد، یا آنجا که ضروری بوده است، سعی شده تا در سایر تمرین‌ها و یا در پاسخنامهٔ پیشنهادی، شکل دیگر نگارشی یک واژه یا عبارت با فاصله‌گذاری معیار درج شود تا فراگیران تا نوشتار معیار نیز آشنا شوند.

دو) در مواردی که نویسندهٔ اصلی از علائم مهجور نگارشی در نوشتار علمی، نظیر (+) برای پیوند دو موضوع استفاده کرده است، تعدیلی در علائم وی صورت نگرفته است. پیرامون سایر علائم نگارشی نظیر (؛) نیز این امر صادق است.

سه) در این کتاب به متون مربوط به علوم پایه، پزشکی و مهندسی پرداخته نشده است چراکه تصور شده است مخاطبان اصلی اثر، پژوهشگران ایران‌شناسی، دانشجویان زبان و ادبیات فارسی و یا محققان مختلف در حوزهٔ علوم انسانی هستند. البته، آشنایی با فارسی دانشگاهی معاصر می‌تواند نیاز زبانی سایر پژوهشگران را نیز مرتفع سازد.

چهار) مؤلف در این کتاب به دنبال شیوه‌ای سازه‌ای در آموزش نبوده است و همین است که خود را به یک موضوع واحد محدود ننموده است. اصلاً، در دوره‌های فوق میانه و پیشرفته، تأکید بر تکثر مواد آموزشی و پرهیز از سازه‌گرایی است.

پنج) اثر حاضر برای آموزش واژگان تخصصی در رشته‌ای خاص تألیف نشده است. هدف اصلی، آموزش واژگان و اصطلاحات عمومیِ پرکاربرد، در نوشتارهای رایج دانشگاهی بوده است. البته، در بخش‌هایی و به فراخور نیاز مخاطب به درک صحیح مطلب، به برخی واژگان علوم خاص اهتمام ورزیده شده است.

شش) مبرهن است که استفاده از نوشتارهای علمی در این کتاب، به معنای تائید یا رد نظرات نویسندگان آن از سوی من نیست.

برخی ویژگی‌های این کتاب

الف) برخلاف بسیاری از کتاب‌های آموزش فارسی پیشرفته که تنها بر مقوله‌های ادبیات و زوایای ادبی نثر و نظم فارسی تمرکز دارد، در این کتاب سعی شده به تنوع رشته‌ها در حوزه‌های گوناگون علوم اجتماعی و انسانی توجه شود. در همین راستا،

[4] بسیاری از این مجلات در پایگاه‌های دسترسی آزاد، ازجمله *پایگاه اطلاعات علمی جهاد دانشگاهی* به نشانی (http://sid.ir)، در دسترس است.

درس‌های مختلف کتاب دربرگیرندهٔ مقالاتی گوناگون پیرامون تاریخ، جغرافیا، سیاست، اقتصاد، آموزش، فلسفه، جامعه‌شناسی، دین، هنر و زبان است.

ب) همان‌طور که ذکر آن رفت، تمامی متون به‌کاررفته در این کتاب، برگرفته از مقالات پژوهشی‌ای است که پیشتر منتشر شده است. به بیان دیگر، نویسنده به خود اجازه نداده به تولید محتوایی خیالی جهت آموزش فارسی دانشگاهی معاصر مبادرت ورزد. این امر سبب می‌گردد خواننده با متنی مورد وثوق و دارای اعتبار علمی روبرو شود.

پ) کمتر اثری در حوزهٔ آموزش خواندن فارسی وجود دارد که به موضوع پیوندهای متنی، انسجام نوشتار،[5] انتخاب مناسب اجزای کلام، هم‌نشینی عبارات،[6] اصطلاحات،[7] کاربرد حروف اضافه، مراجع پیشایند و پسایند،[8] بازنویسی،[9] ریشه‌شناسی،[10] و مواردی از این قبیل پرداخته باشد. تمامی این موارد در کتاب حاضر موردتوجه بوده است.

ت) در هر درس، سعی شده تا با تمرین‌های گوناگون به تمامی زوایای متن پرداخته شود. برخی از تمرین‌ها اختیاری است و مناسب فراگیران سطوح پیشرفته است. این دسته از تمرین‌ها بیشتر مربوط به فعالیت‌های خارج از کلاس فراگیران است و یا می‌تواند در غالب کارهای داوطلبانهٔ کلاسی تعریف شود.

ث) با عنایت به ارتباط میان خواندن و نوشتن، در این کتاب سعی شده، در کنار آموزش خواندن فارسی دانشگاهی، تمرین‌هایی نیز برای نوشتن در نظر گرفته شود. این مهم، به ویژه از درس هشتم به بعد پررنگ‌تر شده است. هدف اصلی از این تمرین‌ها، افزایش بهره وری در مهارت خواندن و درک مطلب است. با این اوصاف، همه این تمرین‌ها می‌تواند تأثیری غیرمستقیم بر یادگیری نگارشی زبان آموزان داشته باشد.

مخاطبین اصلی این کتاب

این کتاب می‌تواند مورداستفادهٔ تمامی علاقه‌مندان زبان فارسی در سطوح فوق میانه و پیشرفته قرار گیرد. تمامی پژوهشگران حوزهٔ مطالعات ایران، مطالعات اسلام، مطالعات منطقه‌ای و نیز زبان و ادبیات فارسی می‌توانند از این کتاب بهره گیرند. این کتاب مناسب دوره‌های دانشگاهی تعریف شده است و استفاده از آن در کلاس درس، به همراه استاد، سود آن را دوچندان خواهد کرد. پاسخنامه‌ای در انتهای کتاب قرار گرفته که جواب‌های پیشنهادی هر تمرین در آن آمده است. این پاسخنامه به سایر علاقه‌مندان این امکان را می‌دهد که در صورت تمایل، کتاب را برای خودتمرینی و بدون حضور در کلاس درس مورد استفاده قرار دهند.

تشکر و سخن پایانی

همواره در شکل‌گیری یک ایده و حمایت از آن، افراد مختلفی دخیل هستند. در اینجا مایلم از آقای دکتر آهویی، مدیر وقتِ گروه مطالعات ایران دانشگاه تهران تشکر کنم که پیشنهاد دادند مطالب این کتاب را، زمانی که هنوز جزوه‌هایی پراکنده بود، در کلاس درس بدهم. همچنین تشکر ویژه می‌کنم از سرکار خانم اندریا هارتیل، ویراستار و ناشر ارشد، در انتشارات راتلج که با شکیبایی تمام طرح اولیه را مورد مداقه قرار دادند و از آن استقبال کردند. از همکاران ایشان خانم ها کمیلی برنز و کلر مارگریسن نیز تشکر می‌کنم که در مراحل مختلف این کتاب، کار را پیگیری نمودند. چند ارزیاب محترم که نامشان را نمی‌دانم، نظرات مفید و مساعدی پیرامون کتاب مطرح فرمودند که از آن بهره برده‌ام. گرچه ایشان را نمی‌شناسم، مایلم مراتب تشکر خود را اعلام دارم.

در سرتاسر زندگی، پدر و مادرم مشوق راه بوده‌اند. همیشه در این اندیشه‌ام که تمام فارسی‌آموزی‌ام را مدیون مادرم هستم و آن همه قصه‌های جوراجوری که شبانه‌روز از آن لذت می‌بردم. اطمینان دارم سخنی بر روی کاغذ هیچ‌گاه نمی‌تواند ذره‌ای از محبت‌های ایشان را جبران کند. باید اعتراف کنم بدون همسرم هیچ‌کدام از دست‌آوردهای نوشتاری (که کتاب پیش رو نمونهٔ

5 Cohesiveness
6 Collocations
7 Idioms
8 Anaphoric and cataphoric references
9 Paraphrasing
10 Etymology

آن است) حاصل نمی‌شد. مهم است آدم کسی را در زندگی داشته باشد که مدام صبوری پیشه کند و دائم امکانی را ایجاد کند که فراغتی باشد و کنجی و نوشتاری. امیدوارم روزی بتوانم بخشی از لطف ایشان را جبران کنم.

و آخر اینکه، پر واضح است که آن دسته از آثار آموزشی که به حوزه‌ای نوین وارد می‌شود، همان میزان که ممکن است پیشگام و مؤثر واقع شود، می‌تواند دارای کاستی‌هایی باشد. امید است این موارد از سوی خوانندگان گرامی گوشزد شود،[11] تا در ویرایش‌های آتی مورد بازنگری قرار گیرد. امیدوارم در آیندهٔ نزدیک، شاهد محتوای آموزشی بیشتر و متنوع‌تری در حوزهٔ آموزش زبان فارسی باشیم.

منّت خدای را بر سلامت و امنیت و اتمام این اثر.

عباس اقدسی
سرزمین طوس؛ ایران
۱۴ مهرماه ۱۳۹۶ خورشیدی

---

[11] ایمیل نویسنده: a_aghdassi@yahoo.com

درس یک

تمدّن

یک. در گروه‌های دو یا سه‌نفره، به پرسش‌های زیر پاسخ دهید.

۱. لحظه‌ای تمدن‌های کهن را برای خود مجسم کنید. شما کدام تمدن را بیشتر دوست دارید؛ چرا؟
۲. فکر می‌کنید واژهٔ "تمدن" از چه ریشه‌ای گرفته شده است؟ چه هم‌خانواده‌هایی برای این واژه سراغ دارید؟
۳. برخی بر این باورند که فرهنگ و تمدن همسان هستند. نظر شما چیست؟
۴. دربارهٔ "گاهوارهٔ تمدن" چه می‌دانید؟
۵. اینکه تمدن از شرق عالم آغاز شده یا خیر، محل بحث فراوانی بوده است. دیدگاه خود را بگویید.

دو. اکنون پاراگراف نخست متن را بخوانید و حدس بزنید این نوشتار پیرامون چه موضوعی است.
سه. کل متن را به سرعت بخوانید. نام افرادی را بنویسید که نویسندگان از آنان نقل مطلب کرده‌اند.

....

....

....

....

تمدن یا فراروایت مدرنیته

سنت جامعه شناختی که به دنبال جنبش روشنگری ظهور کرد، پرسش‌هایی را پیش کشید که به شکل تنگاتنگی با تأملات قرن هجدهمی دربارهٔ تمدن ارتباط داشت. در عالم گفتمانی قرن هجدهم، تمدن به شکل مفرد اغلب در پیوند و مترادف با پیشرفت است. تفکر جامعه شناسانه ارتباط قوی (و نه یک پیوستگی غیر نقادانه) با اندیشهٔ پیشرفت را حفظ می‌کند و پس زمینهٔ تکاملی به مفهوم تمدن می دهد (..اول............... ....). به عنوان مثال ، مارکس به معانی ضمنی متمدن شدن در فرایندهای رشد نیروهای تولیدی در توسعه به شکل عام یا توسعهٔ سرمایه دارانه به صورت خاص اشاره می کند. دورکیم هم تعریف کنت از جامعه‌شناسی به مثابهٔ علم تمدن را به شکل تأییدآمیزی نقل می کند، بی هیچ بحثی دربارهٔ پیامدهای احتمالی این نگاه به رشته جامعه‌شناسی (آرناسون، ۲۰۰۱: ۳۸۸).

در کتاب "مدرنیته" (۱۹۹۶) استوارت هال و همکارانش در بیان بنیان های تمدن مدرن برخی ایده‌ها را باز می شمارند. در فصل نخست این کتاب همیلتون روشنگری را حداقل ترکیبی از برخی ایده ها می داند که به طور تنگاتنگی درهم تنیده‌اند. این ایده‌ها عبارتند از: خرد، تجربه‌گرایی، علم، عام‌گرایی، پیشرفت، فردگرایی، تساهل و مدارا، آزادی، همسانی ماهیت انسان و عرفی‌شدن (همیلتون ، ۱۹۹۹: ۳-۲۴). (..دوم ....) اما به تدریج تبدیل به ایدئولوژی سلطه و سرکوب شد.

والرشتاین اشاره می کند که دو رویکرد کلی در استفاده از مفهوم تمدن وجود دارد؛ یکی نسبتاً ایدئولوژیک خواهد بود و دیگری نسبتاً خنثی. وی اشاره می کند که واژهٔ تمدن دو معنای نسبتاً متمایز دارد؛ از یک سو ، به فرایندهایی اشاره دارد که انسان ها را متمدن‌تر می سازد و آنها را از خصلت های حیوانی و سبوعانه دور می دارد. به طور مثال هنگامی که استعمارگران فرانسوی در اواخر قرن ۱۹، شعار"مأموریت متمدن ساز" را مطرح کردند کسی درباره بی‌همتایی و جهان شمول بودن تمدنی که به آن اشاره داشتند ، تردید نکرد. از سوی دیگر، واژهٔ تمدن کاربرد جمع دارد که در آن هر تمدن پیوند خاصی با جهان بینی، آداب و رسوم، ساختارها و فرهنگ دارد و نوعی کلیّت تاریخی را شکل می دهد که با سایر گونه های این پدیده همزیستی دارد. (..سوم ....) (والرشتاین، ۱۹۸۸: ۷۱).

از سوی دیگر هم در گفتمان علمی و هم در زبان روزمره واژهٔ "تمدن" معنای دوگانه‌ای دارد : اول اینکه تمدن غرب را در مقابل تمدن غیرغربی قرار می دهد و دیگر اینکه دربارهٔ ظهور، پیشرفت و سقوط احتمالی تمدن هم به‌طور عمومی صحبت می‌کند. در مور اولی، ما به مجموعه‌های فرهنگی -اجتماعی متفاوتی اشاره داریم که از واحدهای کوچک تری همچون دولت‌ها و جوامع تشکیل شده است. در مورد دومی،(... چهارم ....) و ارزیابی کنیم. به نظر می رسد کلیه شیوه‌های مقوله‌بندی و تمییز مفهوم تمدن اغلب در یک چیز مشترک هستند و آن قائل‌شدن به سطحی از توسعه به عنوان پیش‌شرط کاربرد مفهوم تمدن است. اگرچه توانایی ابداع اشکال خاصی از زندگی و شیوه‌های مرتبط با جهان در الگوهای تمدنی متفاوت خودش را آشکار می کند اما ممکن است به مثابهٔ قابلیت جهانی انسان در فرایند متمدن شدن تلقی شود. چنین تلقی‌ای چالش بین مفاهیم جهان‌شمول و تکثرگرایانه از تمدن را حل نمی کند (آرناسون، ۱۹۸۸: ۸۷).

به نظر می رسد اصطلاح "تمدن" از همان ابتدا مبهم و دوپهلو بوده است. کاربرد اصلی آن دراندیشهٔ قرن هجدهم تصدیق یک فرایند جهان شمول قدرتمند شدن و فرهیختگی بود و توسط کسانی ارائه شد که پیش‌برندهٔ نسخه‌ای جهان شمول بودند. زمانی که "تمدن" به کلیدواژه تبدیل شد به واسطه دوپهلوبودنش بیشتر مناقشه‌ها و تفاسیر ایدئولوژیک را دامن زد تا مناقشه‌های نظری. در ادامهٔ همین مناقشه های ایدئولوژیک است که از تمدن بیشتر صحبت می شود تا تمدن‌ها. (..

9 درس یک

.... پنجم...........................). اگر عده‌ای تلاش می کنند در جهان افسون زدهٔ مدرن مفهوم تمدن را به یکی از "مطلق‌های بدیل" تبدیل کنند؛ درسوی دیگر بسیاری از منتقدان سعی می کنند از"تمدن ها" به عنوان مفهومی خنثی استفاده کنند (استاروبینسکی، ۱۹۸۳: ۴۸، به نقل از آرناسون، ۲۰۰۱: ۳۸۸).

همانطور که استاروبینسکی نشان داده این نوسان مفهومی که به طور همزمان به تاریخ انواع انسان‌ها به مثابهٔ کل و جهان‌های فرهنگی مجزا در درون این تاریخ اشاره دارد، می تواند در اسلاف قرن هجدهمیِ نظریه پردازانِ مدرنِ تمدن ردیابی شود. دوره‌های متوالی سنت جامعه‌شناختی تنوعات بسیاری در مورد این دو موضوع تولید کرده و به این تضادها دامن زده است (آرناسون، ۱۹۸۸: ۸۷). این موضوع در گستره ای از مفاهیم اساسی نظریه اجتماعی انعکاس یافته که به برخی از مهم‌ترین آنها اشاره می کنیم.

منبع: اباذری، ی.، شریعتی، س.، و فرجی، م. (۱۳۹۰). فراروایت تمدن یا فرایند تمدن‌ها؟؛ خوانشی از پروبلماتیک فرهنگ-تمدن. *فصلنامهٔ تحقیقات فرهنگی ایران*. ۴(۲)، ۱-۱۹.

چهار. معنی هر یک از لغت‌های زیر را با توجه به متن بنویسید.

۱. تأملات...
۲. ضمنی ....
۳. تساهل...
۴. سبوعانه ....
۵. جهان‌بینی ....
۶. تمییز ....
۷. مثابه...
۸. تصدیق...
۹. فرهیختگی ....
۱۰ نوسان...

پنج. ابتدا جمع یا مفرد بودن هر یک از کلمات زیر را معین کنید؛ سپس شکل جمع یا مفرد آن را بنویسید.

۱. ارجاعات...
۲. سنت ....
۳. قرن...
۴. خطوط ....
۵. مفهوم...
۶. اَشکال ....
۷. تفاسیر...
۸. اسلاف...
۹. تنوعات ....
۱۰. امور...

شش. کلماتی را در متن بیابید که هم‌معنای عبارات زیر باشند.

۱. پیاپی؛ پی‌درپی ....
۲. بحث؛ جدال...
۳. صفت؛ خوی...
۴. جدا؛ سَوا...
۵. بدون فاصله...
۶. توانایی؛ سزاواری...
۷. باهم زندگی کردن ....
۸. علامت؛ شناسه...
۹. برداشت؛ دریافتن...
۱۰. هر روزه؛ یومیه...

هفت. با توجه به متن، مشخص کنید هر یک از جملات زیر، درست است **(د)**، نادرست است **(ن)**، یا اشاره نشده است **(ا)**.

۱. به باور والرشتاین هر دو رویکرد استفاده از مفهوم تمدن ایدئولوژیک است.....................
۲. در گفتمان قرن هجدهم میلادی غالباً مفهوم پیشرفت است که با تمدن گره خورده است.....................
۳. دورکیم با پذیرش آراء مارکس، جامعه‌شناسی را علمِ تمدن برمی شمارد.....................

۱۰ درس یک

هشت. با توجه به متن، به هر یک از پرسش‌های زیر به طور مختصر پاسخ دهید.

۱. شعار استعمارگران فرانسوی قرن نوزدهم چه بود؟ سایرین چه واکنشی به آن نشان دادند؟

....

....

....

....

۲. در جهان مدرن چه استفاده‌ای از واژهٔ "تمدن‌ها" می‌شود؟

....

....

....

....

۳. همیلتون از چه ایده‌هایی در کتاب خود نام می‌برد؟

....

....

....

....

۴. یکی از پیامدهای دوپهلو بودن مفهوم تمدن را بنویسید.

....

....

....

....

نه. هر یک از جملات ذیل مربوط به یکی از نقطه‌چین‌های درون متن است. آن را در جای مناسب خود بنویسید. یکی از جملات اضافی است.

۱. سایر مفاهیم تمدنی ساختهٔ اذهان نظریه‌پردازانی است که بیشتر به هژمونی می‌اندیشند.

۲. البته خود این مسئله هم مدتی است که به چالش کشیده شده است.

۳. و لذا ارجاعات آشکار به تمدن در حاشیهٔ خطوط اصلی بحث قرار می‌گیرد.

۴. علاقه‌مند هستیم که فرایند تاریخی جهان را از طریق شاخص‌ها و معیارهای عمومی شرح دهیم.

۵. در مقایسه با دیدگاه اول که بیشتر ایدئولوژیک است این دیدگاه نسبتاً "خنثی" است.

۶. این ایده‌ها بنیان نگرشی را شکل داد که اگرچه در ابتدا امور مشترک بشریت تلقی می‌شد.

ده. شکل مناسب کلمات داخل پرانتز را در جای خالی بنویسید. شمارهٔ یک به عنوان نمونه پاسخ داده شده است.

۱. دیدگاه‌های .... جامعه‌شناسانه.............. در برخی موارد با رویکردهای انسان‌شناسانه موافق است. (جامعه‌شناسی)

11 درس یک

۲. نمونه‌های .... از شعر فارسی را می‌توان در کلام شیخ اجل یافت. (همتا)

۳. برخی از .... دوران معاصر کلماتی بر زبان رانده‌اند که فاقد اعتبار علمی است. (نظریه)

۴. برای جستجوی مشاغل .... با رشتهٔ خود بر روی گزینهٔ زیر کلیک کنید. (ارتباط)

۵. از میان تمامی............................. حاضر در جمعیت، تنها یک نفر سالن را ترک نمود. (انتقاد)

یازده. کلمات را به فعل مربوط وصل کنید و معنی آن را بنویسید. بیش از یک پاسخ می‌تواند درست باشد. (اختیاری)

۱. تأیید   الف. کشیدن   ....

۲. مترادف   ب. کردن   ....

۳. پیش   ج. تنیدن   ....

۴. ظهور   د. شمردن   ....

۵. ارتباط   ه. بودن   ....

۶. نقل   و. خوردن   ....

۷. درهم   ز. زدن   ....

۸. حفظ   ح. داشتن   ....

۹. اشاره   ط. نگه داشتن   ....

۱۰. وجود   ی. دانستن   ....

دوازده. هر یک از عبارات مشخص‌شده را به زبان خود شرح دهید. (اختیاری)

۱. عناصر متعددی به این آشفتگی تمدنی <u>دامن زده</u> است.

۲. <u>دور داشتن</u> خود از پندارهای ناصواب لازمهٔ موفقیت تعامل با دیگران است.

۳. گفته‌های برخی مورخین بی‌هیچ <u>بحثی</u> مورد قبول مجامع علمی قرار گرفته است.

۴. اگر این دو متن <u>در مقابل هم قرار گیرد</u>، میزان هم‌پوشانی نوشتهٔ اخیر بهتر آشکار می‌گردد.

۵. علیرغم تلاش فراوان برگزارکنندگان، تقدیر از استاد <u>در حاشیهٔ همایش واقع</u> شد.

سیزده. بدون مراجعه به متن و با توجه به معنی جمله، حرف اضافهٔ مناسب را انتخاب کنید. شاید بیش از یک پاسخ صحیح باشد. (اختیاری)

بدون ـ از ـ به ـ با ـ در ـ تا

۱. این موضوع نوعی کلیّت تاریخی را شکل می‌دهد که.................... سایر گونه‌های این پدیده همزیستی دارد.

۲. بسیاری .... منتقدان سعی می‌کنند از "تمدن‌ها" به‌عنوان مفهومی خنثی استفاده کنند.

۳. .... برخی از مهم‌ترین آنها اشاره می‌کنیم.

۴. هر تمدن پیوند خاصی.................... جهان‌بینی، آداب و رسوم، ساختارها و فرهنگ دارد.

۵. هـمیلتون روشنگری را حداقل ترکیبی از برخی ایده‌ها می‌داند که.................... طور تنگاتنگی درهم تنیده‌اند.

چهارده. با مراجعه به متن، مشخص کنید هر یک از کلمات زیر، به کدام اسم یا اسامی قبل یا بعد خود معطوف می‌شود. (اختیاری)

۱. به نظر می رسد کـلیه شـیوه‌های مقوله‌بندی و تمییز مفهوم تمدن اغلب در یک چیز مشترک هستند و آن قائل‌شدن به سطحی از توسعه به عنوان پیش‌شرط کاربرد مفهوم تمدن است.......................
۲. این نوسان مفهومی که به طور هم‌زمان به تـاریخ انواع انـسان ها بـه مثابهٔ کل و جهان‌های فرهنگی مجزا در درون این تاریخ اشاره دارد، می تواند در اسلاف قرن هجدهمیِ نظریه‌پردازانِ مـدرنِ تـمدن ردیابی شود............................
۳. دوره‌های متوالی سنت جامعه‌شناختی تنوعات بسیاری در مورد این دو موضوع تولید کرده و به این تضادها دامن زده است. این موضوع در گستره ای از مفاهیم اساسی نظریه اجتماعی انعکاس یافته که به برخی از مهم‌ترین آنها اشاره می‌کنیم................. |..............................

پانزده. جمله‌های زیر از متن انتخاب شده است. آن را به زبان خود *بازنویسی* کنید. (اختیاری)

۱. در عالم گفتمانی قرن هجدهم، تمدن به شکل مفرد اغـلب در پیوند و مترادف با پیشرفت اسـت.

....

....

۲. کـلیه شـیوه‌های مقوله‌بندی و تمییز مفهوم تمدن اغلب در یک چیز مشترک هستند.

....

....

۳. عده‌ای تلاش می‌کنند در جهان افسون‌زدهٔ مدرن مفهوم تمدن را به یکی از "مطلق های بدیل" تبدیل کـنند.

....

....

۴. این نوسان مفهومی........ می‌تواند در اسلاف قرن هجدهمیِ نظریه‌پردازانِ مـدرنِ تـمدن ردیابی شود.

....

....

شانزده. مانند نمونه، ریشهٔ هر یک از کلمات را بیابید، و چند واژهٔ دیگر با این ریشه بنویسید. (اختیاری)

واژه	ریشه	مثال ۱	مثال ۲	مثال ۳
۱. کلمه	...... ک..ل..م	.... تکلم	.... کلام	.... کلیم ....
۲. تساهل	....	....	....	....
۳. تبدیل	....	....	....	....
۴. تفکر	....	....	....	....
۵. تکامل	....	....	....	....
۶. مفهوم	....	....	....	....

واژه	ریشه	مثال ۱	مثال ۲	مثال ۳
۷. توسعه	....	....	....	....
۸. صورت	....	....	....	....
۹. تعریف	....	....	....	....
۱۰. جامعه	....	....	....	....

هفده. جملات زیر از در ادبیات رسمی کاربرد دارد. معنای عبارات پررنگ شده را بنویسید، و با هرکدام جمله بسازید. (اختیاری)

۱. در روایت هانتیگتونی از وبر، به ناچار **آتش جنگ** آخرالزمان **زبانه خواهد کشید**.

معنی "زبانه‌کشیدن آتش جنگ" ....

....

مثال:...

....

۲. فرهنگ **داستانی** به مراتب **مغشوش‌تر** از تمدن **دارد**.

معنی "داستانی مغشوش داشتن" ....

....

مثال..

....

۳. تمدن چیزی است که تسلط انسان بر سایر گونه‌ها و طبیعت را تضمین می کند و **با** پیشرفت **عجین شده است**.

معنی "با چیزی عجین شدن" ....

....

مثال..

....

هجده. متن زیر از قسمتی دیگر از مقالهٔ فوق انتخاب شده است. مانند نمونه، جاهای خالی را پر کنید. (اختیاری)

تمدن ها.........**از.......**لحاظ سطوح پیچیدگی اجتماعی و سازمانی (۱)................ دیگر تمدن ها متمایز می‌شوند. همین ویژگی است (۲)................ موجب می شود عموماً اندیشمندانی که تمدن را مهم‌ترین و کلان‌ترین سطح تحلیل می دانند استفادهٔ هنجاری از واژهٔ تمدن (۳)............... مجاز بدانند و به برتری فرهنگی و اغلب اخلاق تمدنی خاصی رضایت دهند؛ به طوری که از منظر هگلی مسیر حرکت تمدنی غایتی واحد می یابد و در روایت فوکویامایی (۴)............... "پایان تاریخ" می انجامد. یا از منظر وبری عقلانیت مدرنیته گریزناپذیر می نماید و در روایت هانتینگتونی از وبر، به ناچار آتش جنگ آخرالزمان زبانه خواهد کشید. یا از منظر توین بی تمام تمدن‌های معاصر محکوم به تقلید از تمدن غربی هستند و دیر یا زود در برابر تمدن غربی سر (۵)............... فرود خواهند آورد.

۱۴ درس یک

نوزده. قسمت‌هایی را در متن بیابید که، به نظر شما، نویسنده از بی‌طرفی فاصله گرفته، و جانبدارانه به موضوع مورد بحث پرداخته است. مختصراً بنویسید چگونه می‌توان موضوع را مورد کنکاش دوباره قرار داد. (اختیاری)

....

....

....

....

....

....

....

....

....

بیست. با مراجعه به سایر منابع و ادبیات تحقیق موجود، چه اطلاعات دیگری دربارهٔ تمدن به دست می‌آورید؟ خلاصه‌ای از آن را بنویسید. (اختیاری)

....

....

....

....

....

....

....

....

....

....

درس دو

سکونت‌های آغازین

یک. در گروه‌های دو یا سه‌نفره، به پرسش‌های زیر پاسخ دهید.

۱. آیا تجربهٔ زندگی در چادر را دارید؟
۲. به نظر شما سکونت و استقرار بشر چگونه آغاز شده است؟
۳. فکر می‌کنید در سکونت‌گاه‌های آغازین از چه موادی برای ساخت خانه استفاده می‌شده است؟
۴. چه رابطه‌ای بین اقتصاد و نوع سکونت انسان‌ها وجود دارد؟
۵. نظر خود را راجع به تصویر زیر بگویید.

دو. پاراگراف نخست متن را بخوانید. حدس می‌زنید کپرنشینی چیست؟

سه. کل متن را به سرعت بخوانید و در دو سطر ایدهٔ اصلی نویسنده را بنویسید.

....

....

....

کوچندگی و یکجانشینی

بررسی و روند الگوی سکونت در دورهٔ نوسنگی، و مـراحل استقراری طی شده از سکونت فصلی به دایم در منطقه؛ و بررسی ارتباط سازه‌ها و عناصر موجو با نوع (اسـتراتژی) معیشت، به خوبی نشان می دهند که ما با دو مقولهٔ زمانی گذشته و حال و داده ها و مدارکی از دو مقوله ایستا و پویا سروکار داریم. فرضیات ما بدین ترتیب است : الف : براساس مشاهدات و مطالعات مردم‌نگاری و شواهد و مدارک باستان‌شناختی روند و الگوی سکونت در دورهٔ نوسنگی از قدیم به جدید به ترتیب: چادرنشینی = کولا یا کپرنشینی، لیر یا خانه‌نشینی، دهکده‌نشینی، و سپس در دورهٔ "کلکولیتیک انتقالی" روستانشینی بوده است. ب: مصنوعات قابل حمل و غیر قابل حمل به دست آمده از محوطه‌ های نوسنگی و مشاهدات موارد مشابه در جوامع کوچنده و نیمه‌کوچنده امروزی در زاگرس مرکزی، نشانگر این است که سازه‌ها و الگوی استقراری جوامع در دورهٔ نوسنگی متأثر از نوع اقتصاد معیشتی بر پایهٔ کوچ گری - دامداری - بوده است.

نظر بر این است که بین الگوی اسـتقراری دورهٔ نوسنگی و نمونه های امروزی در زاگرس مرکزی، شباهت‌های بسیار به چشم می خورد ؛ که به رغم ماهیت داده‌ها و مدارک، متأثر از نحوهٔ برهم‌کنشی آن ها با محیط زیست پیرامونشان است. (........ .... اول. ....)، اما کمابیش شواهدی تأیید شـده را در اختیار ما قرار داده است. شواهدی چون: نحوهٔ زیستگاه‌گزینی، دیرین جانورشناسی و استخوان شناسی، دیرین گیاه شناختی، دست‌ساخته‌ های کوچک و بزرگ چـون: هاون‌ها و دسته هاون‌ها، سنگ‌های ساب ابتدایی، محفظه های ذخیره ، گودال های بیضی شکل با ابعاد متفاوت ، پیکرک های انسانی، بز و گوسفند و....... ، آثار سم حیواناتی چون بز بر خشت های گلی به جای مانده ، وجود زیستگاه ها در محدودهٔ ارتفاعی ۹۵۰ تا ۱۹۰۰ متر از سطح دریا، نوع فضاهای سکونتی مورد استفاده، اقلیم مـنطقه و طـبیعت آن، زیستگاه های پراکنده، کوچک و کم وسعت، که همگی به خوبی بـیانگر سـبک زندگی براساس کوچ گری - احتمالاً دامداری در منطقه بوده است. در هر صورت وجود راهبرد نیمه‌کوچ‌گری غیر قابل انکار است. شواهد جانوری از گـوسفند و بز از محوطه ها تا پیش از هـزارهٔ هشتم پ.م، نمایانگر وجود احتمالی نخستین نشانه های اهلی‌سازی گوسفند از اواسط هزارهٔ نهم پ.م در زاوی چمی شنیدار، و اهلی‌کردن بز تقریباً در همان دوره در آسیاب و در هزارهٔ هشتم پ.م به خصوص آثار و نشانه های آن چون آثار سم‌ها در گنج دره و استخوان‌های به دست آمده است.

از اواسط هزارهٔ هشتم پ.م، استفاده از بز و گوسفند در کنار شکار، به عنوان یکی از ارکان اصلی اقتصادی مطرح است. از کشت غلات و حبوبات کمتر می توان سخنی به میان آورد. اگر دست‌ساخته‌ های سنگی و تسهیلات غیر قابل حمل و مـرتبط بـا آسیاب‌کردن و کوبیدن را در مـحوطه‌ های نـوسنگی آغازین شاهدیم؛ نمی تواند مشخصاً نمایانگر وجود کشت و زرع باشد. چون از کاربردهای آن ها، آرد کردن و طبخ مواد خوراکی حاصل از جمع آوری بوده؛ (.. ....دوم..........................). این تسهیلات خیلی پیش‌تر از یکجانشینی ظاهر شده اند. از یک طرف غاریافته با ارایه چنین شواهدی که برای خردکردن استفاده می شدند (Hole and Flannery, ۱۹۶۷) و از طرف دیگر شواهد مردم‌نگاری ما در منطقه بـیانگر استفاده از این نوع تسهیلات برای خرد کردن و کوبیدن پوسته سخت میوه‌هایی چون بلوط بوده است. طبق گفته یکی از اطلاع‌رسان‌های مسن ما، کوچ‌گران دامدار تا حدود ۵۰ ‎-۶۰‎ سال پیش، به هیچ وجه به کار کشت و زرع نمی‌پرداختند؛ (.............................. سوم. ....) و آن ها را بی‌نیاز می کرده است.

به طوری که ملاحظه شد شواهد مربوط به ردهٔ غلات و حبوبات در محوطه های نوسنگی آغازین و میانی بسیار اندک است. با توجه به نبود شواهد متقن (...چهارم... ....). بدین‌ترتیب، اقتصاد مسلط بر معیشت جوامع نوسنگی به سمت دامداری تمایل داشته است. البته وجود عنصر مسلط دامداری در دورهٔ مذکور به معنی نادیده انگاشتن کشت و زرع نیست ؛ چه بسا این ها بـه طور مـستقل و جدا از هم تکوین، رشد و بسط یافته باشند. بدیهی است؛ مطالعات و کاوش های بیشتردر آینده در ارتفاعات و به خصوص در مناطق چراگاهی آن را روشن خواهد کرد. نخستین شواهد سکونتی به دست آمده از تحتانی ترین لایه‌های محوطه‌های منطقه محدود است به گودال‌های بیضی شکل، فضاها و سازه‌هایی از چوب و شاخ و برگ درختان، سازه‌های گلی بسیار ابتدایی با دیوارهای کوتاه و

شواهدی از کپرها ، آثاری از کف های گل‌کوب‌شده؛ وجود اجاق ابتدایی و مصالحی چون: چوب و شاخ و برگ درختان، گل و چینه، عناصر اصلی را تشکیل می دهند. با وجود آثار و شواهد زیستگاهی و سکونتی بسیار اندک که در بالا ذکر کردیم؛ نشانه‌ها حاکی از مراحل آغازین حرکت از کوچندگی کامل به استقرار موقتی است. شواهد مذکور نمایانگر تمام‌نمای این مرحلهٔ سرنوشت‌ساز و حیاتی در روند اقتصادی-استقراری منطقه هستند. در مقایسهٔ چنین شواهدی با موارد مردم‌نگاری، به بیراهه نرفته‌ایم اگر زیستگاه‌های آغازین نوسنگی که با عنصر معماریِ سبک، و کم‌دوام، که از شاخ و برگ درختان و چینه و گل ساخته شده را با سازه‌های کاملاً ابتدایی‌مان که تقریباً همزمان با کوچندگی مطلق با سکونت‌گاه های چادری و کپرها، مطرح است؛ مشابه و همانند فرض کنیم. چنین شواهدی در هر دو مورد مردم نگاری و باستان شناختی به خوبی در دسترس می باشند. وجود گودال‌های با ابعاد و کاربردهای متفاوت، کلبه ها و کپرهای با معماری ساده و ساخته شده از گل، شاخ و برگ درختان و مواد فانی کم‌دوام را می توان نشانگر فضاهای مورد استفاده کوچ گران دانست؛ اما دیگر عناصر مرتبط (.. پنجم.............................). چنین فضاهای سکونتی از اوایل تا اواسط هزارهٔ هشتم پ.م در منطقه وجود داشته ؛ زیرا لایه های تحتانی محوطه‌های مربوطه زمان گویای آن است.

منبع: رفیع فر، ج. ا.، و قربانی، ح. ر. (۱۳۸۵). از کوچندگی تا یکجانشینی؛ رویکرد باستان مردم‌شناختی بر خاستگاه خانه و استراتژی معیشتی در دورهٔ نوسنگی. پژوهشنامهٔ *انسان شناسی*، ۹ (۵)، ۸۴-۱۱۶.

چهار. معنی هر یک از لغت‌های زیر را با توجه به متن بنویسید.

۱. مقوله..............................
۲. کوچنده..............................
۳. سازه ....
۴. برهم‌کنش ....
۵. پیکرک..............................
۶. متقن..............................
۷. تکوین..............................
۸. تحتانی..............................
۹. کپر ....
۱۰. فانی ....

پنج. ابتدا جمع یا مفرد بودن هر یک از کلمات زیر را معین کنید؛ سپس شکل جمع یا مفرد آن را بنویسید.

۱. دوره ....
۲. شواهد..............................
۳. مصنوعات..............................
۴. محیط..............................
۵. ابعاد ....
۶. ارکان..............................
۷. حبوبات ....
۸. دامدار..............................
۹. منطقه..............................
۱۰. مورد ....

شش. کلماتی را در متن بیابید که هم‌معنای عبارات زیر باشند.

۱. راهبرد؛ ترفند ....
۲. زندگانی؛ معاش ....
۳. راکد؛ بی‌حرکت..............................
۴. چیستی؛ هستی ....
۵. کم‌وزیاد..............................
۶. آجر خام..............................
۷. دسته؛ رسته؛ طبقه ....
۸. مواد ساختمانی..............................
۹. اسکان؛ ثبات ....
۱۰. دیوار گِلی..............................

هفت. با توجه به متن، مشخص کنید هر یک از جملات زیر، درست است **(د)**، نادرست است **(ن)**، یا اشاره نشده است **(ا)**.

۱. مدل استقرار دورهٔ نوسنگی متفاوت از شیوهٔ استقرار کنونی در نواحی زاگرس مرکزی بوده است..............................

۲. متن گونه‌های مختلف کشت و زرع در دوران نوسنگی را به تصویر کشیده است.................

۳. اقتصاد جوامع نوسنگی بر کشاورزی و تا حدودی دام‌پروری استوار بوده است. ....

هشت. با توجه به متن، به هر یک از پرسش‌های زیر به‌طور مختصر پاسخ دهید.

۱. مصنوعات قابل حمل و غیرقابل حمل نشان‌دهندهٔ چه مطلبی است؟

....

....

....

۲. دلایل استفاده از بز و گوسفند چه بوده است؟

....

....

....

۳. گفته‌های آگاهان کهن‌سال محلی چه اطلاعاتی در اختیار قرار می‌دهد؟

....

....

....

۴. در زیستگاه‌های اولیه از چه موادی برای ساخت محل استقرار استفاده می‌شده است؟

....

....

....

نه. هر یک از جملات ذیل مربوط به یکی از نقطه‌چین‌های درون متن است. آن را در جای مناسب خود بنویسید. یکی از جملات اضافی است.

۱. چون در ارتفاعات به حد کافی غلات و محصولات وحشی و هم شکار در گونه‌های مختلف، فراوان بوده.

۲. از جمله دست‌ساخته‌های قابل حمل به سختی خود را در بافت‌های باستان‌شناختی نشان می دهند.

۳. باید گفت که دست کم تا اواسط نوسنگی میانی وجود کشت و زرع همچنان در پردهٔ ابهام است.

۴. چنین تسهیلاتی از پیشرفت های فناورانه دورهٔ گذر از فراپارینه سنگی به نوسنگی است.

۵. دورهٔ نوسنگی از مهم‌ترین دوره‌های سکونت بشری بوده است.

۶. گرچه نوع استراتژی معیشتی جوامع آغازین نوسنگی دقیقاً برای ما مشخص و روشن شده نیست.

ده. شکل مناسب کلمات داخل پرانتز را در جای خالی بنویسید. شمارهٔ یک به‌عنوان نمونه پاسخ داده شده است.

۱. ....باستان شناسان...........همواره می‌کوشند تصویری ملموس از گذشته ارائه نمایند. (باستان)

۲. گاهی غواصان مجبورند برای حفظ خود از داخل................. آهنین کار فیلم‌برداری را ادامه دهد. (حفظ)

۳. کوهنوردی در مکان های بسیار................. نیازمند مهارت‌هایی خاص است. (ارتفاع)

۴. کاوش‌های................. در نقاط جنوبی دره نشان از سرمای شدید ماه‌های اخیر دارد. (ابتدا)

۵. ازجمله اتهام‌های فرد....................... اختلاس و ارتشاء است. (ذکر)

یازده. کلمات را به فعل مربوط وصل کنید و معنی آن را بنویسید. بیش از یک پاسخ می‌تواند درست باشد. (اختیاری)

۱. نشان الف. خوردن ....
۲. مطرح ب. بودن ....
۳. ظاهر ج. شمردن ....
۴. به کاری د. بریدن ....
۵. بسط ه. پرداختن ....
۶. روشن و. یافتن ....
۷. تشکیل ز. دادن ....
۸. در دسترس ح. کردن ....
۹. ساخته ط. شدن ....
۱۰. طی ی. زدن ....

دوازده. هر یک از عبارات مشخص‌شده را به زبان خود شرح دهید. (اختیاری)

۱. در دنیای پیرامونی با هویت های مجازی گوناگونی سروکار داریم.
۲. سخن به میان آوردن از وظایف کارمندان در شرایط کنونی به صلاح نیست.
۳. اقتصاد جوامع نوسنگی به سمت دامداری تمایل داشته است.
۴. به بیراهه نرفته‌ام اگر پیش‌فرض نگارندگان را با اندکی تسامح بپذیریم.
۵. نقشه‌های موجود از دهه‌های قبل گویای این مطلب است.

سیزده. بدون مراجعه به متن و با توجه به معنی جمله، حرف اضافهٔ مناسب را انتخاب کنید. شاید بیش از یک پاسخ صحیح باشد. (اختیاری)

از - برای - با - چه - بر - به

۱. نظر.................. این است که برخی شواهد اولیه از اعتبار کافی برخوردار نیست.
۲. تعدادی از آثار.................. جای مانده از حملهٔ دشمنان را می توان بر دیوارهای شهر مشاهده کرد.
۳. .... توجه به نبود منابع دست اول، تصمیم گیری دربارهٔ این موضوع به زمان دیگری موکول می گردد.
۴. و.................. بسا تمامی این کتاب ها متعلق به کتابخانهٔ مرکزی باشد.
۵. سکونت‌گاه‌های ساخته شده.................. مواد کم‌دوام در این ناحیه فراوان است.

چهارده. با مراجعه به متن، مشخص کنید هر یک از کلمات زیر، به کدام اسم یا اسامی قبل یا بعد خود معطوف می‌شود. (اختیاری)

۱. بین الگوی استقراری دورهٔ نوسنگی و نمونه های امروزی در زاگرس مرکزی، شباهت های بسیار به چشم می خورد ؛ که به رغم ماهیت داده‌ها و مدارک، متأثر از نحوهٔ برهم‌کنشی آن‌ها با محیط زیست پیرامونشان است..................
....

۲۰ درس دو

۲. اگر دست‌ساخته‌های سنگی و تسهیلات غیرقابل حمل و مرتبط با آسیاب کردن و کوبیدن را در محوطه‌های نوسنگی آغازین شاهدیم؛ نمی‌تواند مشخصاً نمایانگر وجود کشت و زرع باشد. چون از کاربردهای آن‌ها، آردکردن و طبخ مواد خوراکی حاصل از جمع‌آوری بوده [است]..

۳. بدیهی است؛ مطالعات و کاوش‌های بیشتر در آینده در ارتفاعات و به خصوص در مناطق چراگاهی آن را روشن خواهد کرد. ....

پانزده. جمله‌های زیر از متن انتخاب شده است. آن را به زبان خود بازنویسی کنید. (اختیاری)

۱. ما با دو مقولهٔ زمانی گذشته و حال و داده‌ها و مدارکی از دو مقوله ایستا و پویا سروکار داریم.

....

....

۲. الگوی استقراری جوامع در دورهٔ نوسنگی متأثر از نوع اقتصاد معیشتی بر پایهٔ کوچ گری - دامداری - بوده است.

....

....

۳. البته وجود عنصر مسلط دامداری در دورهٔ مذکور به معنی نادیده انگاشتن کشت و زرع نیست.

....

....

۴. نشانه‌ها حاکی از مراحل آغازین حرکت از کوچندگی کامل به استقرار موقتی است.

....

....

شانزده. مانند نمونه، ریشهٔ هر یک از کلمات را بیابید، و چند واژهٔ دیگر با این ریشه بنویسید. (اختیاری)

واژه	ریشه	مثال ۱	مثال ۲	مثال ۳
۱. کلمه	ک.ل.م	.... تکلم	کلام	کلیم ....
۲. سکونت	....	....	....	....
۳. معماری	....	....	....	....
۴. شباهت	....	....	....	....
۵. حرکت	....	....	....	....
۶. ارتفاع	....	....	....	....
۷. مطالعه	....	....	....	....
۸. زرع	....	....	....	....
۹. مسلط	....	....	....	....
۱۰. حاصل	....	....	....	....

هفده. جملات زیر در ادبیات رسمی کاربرد دارد. معنای عبارات پررنگ شده را بنویسید، و با هرکدام جمله بسازید. (اختیاری)

۱ .**نمود کامل** این سکونت‌گاه‌ها را در نیمهٔ اول هزارهٔ هفتم پ.م در محوطه‌ها شاهدیم.

معنی "نمود کامل چیزی بودن"..

....

مثال:..

....

۲. در این دهکده‌ها از سازه‌های نگهداری دام **خبری نیست**.

معنی "خبری نبودن از چیزی"..

....

مثال:..

....

۳. این لایه **کانون فعالیت‌های** روزانهٔ محلی **بوده است**.

معنی "کانون فعالیت (چیزی) بودن"..

....

مثال:..

....

هجده. متن زیر از قسمتی دیگر از مقالهٔ فوق انتخاب شده است. مانند نمونه، جاهای خالی را پرکنید. (اختیاری)

اقتصاد معیشتی سکونت‌گاه‌های مذکور با تأکید............**بر.......**عامل گله‌داری، به صورت ترکیبی مطرح اند. ترک کوچ‌گری مطلق و چادرنشینی (۱)................. معنی روی آوری کامل به استفاده از کولا نبوده است؛ (۲)................. چادرنشینی در مرحلهٔ آغازین قرار دارد، اما پس از مدتی هم‌پوشانی استفاده از کپر یا کولا جای چادر را می گیرد ولی استفاده از چادر منسوخ نمی شود. بلکه کپر[ها] نمود بیشتری می یابند. مدت ها (۳)................. از استفادهٔ بلندمدت از کولاها یا کپرها همراه با چادرها، نوعی دیگر از سازه ها، در آخرین مرحله استفاده از کولانشینی همراه بـا استفادهٔ چادر نمود می یابد. سازه‌های اخیر (۴)................. واقع نوع پیشرفته و متحول‌شده کولا است، اما بسیار استادانه‌تر، منظم‌تر، شکیل‌تر و هم مستحکم‌تر از آن ها ساخته می شود. (۵)................. سازه ها طبق شواهد مردم‌نگاری ما همان "لیر" است.

نوزده. قسمت هایی را در متن بیابید که، به نظر شما، نویسنده از بی‌طرفی فاصله گرفته، و جانبدارانه به موضوع موردبحث پرداخته است. مختصراً بنویسید چگونه می توان موضوع را مورد کنکاش دوباره قرار داد. (اختیاری)

....

....

....

....

....

درس دو   **22**

....

....

....

بیست. با مراجعه به سایر منابع و ادبیات تحقیق موجود، چه اطلاعات دیگری دربارۀ استقرار آغازین بشر به دست می‌آورید؟ خلاصه‌ای از آن را بنویسید. (اختیاری)

....

....

....

....

....

....

....

درس سه

مهاجرت گروهی

یک. در گروه‌های دو یا سه‌نفره، به پرسش‌های زیر پاسخ دهید.

۱. چه عواملی ممکن است باعث مهاجرت‌های دسته‌جمعی گردد؟
۲. آیا در تاریخ اقوامی را سراغ دارید که به مهاجرت گروهی مبادرت کرده باشند؟
۳. هرگز فیلم یا اثری دیده‌اید که به موضوع مهاجرت پرداخته باشد؟ خلاصهٔ آن را بیان کنید.
۴. راجع به "پارسیان" هندوستان چه می‌دانید؟
۵. تصویر زیر قلمرو ایران در دوران صفویه است. فکر می‌کنید مهاجران ایرانی از چه مسیری به هندوستان می‌رفته‌اند؟

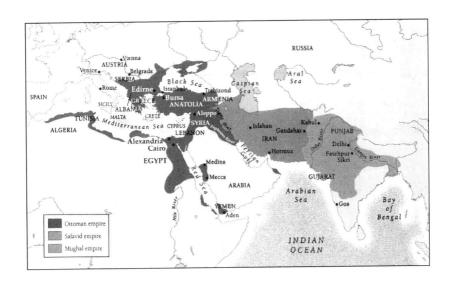

دو. اکنون پاراگراف نخست متن را بخوانید، و حدس بزنید این نوشتار پیرامون چه موضوعی است.
سه. کل متن را به سرعت بخوانید و در دو سطر بنویسید نویسنده چه مطالبی راجع به ساسانیان بیان کرده است.

....

....

....

دوره‌های تاریخی مهاجرت ایرانیان به هند

در بین گروه‌های مختلفی که در طول تاریخ به هند مهاجرت کرده اند، ایرانیان موقعیت خاصی داشته اند. پیوندهای فرهنگی و اجتماعی بین دو کشور ریشه های تاریخی عمیقی داشته است. تاریخ درباره اولین گروه‌های مهاجر ایرانی اینگونه روایت می کند. در سدهٔ هشتم میلادی پس از انقراض حکومت ساسانیان و گسترش اسلام، زرتشتیان (پارسیان) از ایران راهی هند شدند.

"رفتار مسلمانان با مزدیسنان در عصر اموی بویژه در فارس و خراسان رفته رفته اهانت‌آمیز و طاقت‌فرسا گردید و به همین خاطر بود که گروهی از آنان در پاسداری از دین نیاکان خود، زاد و بوم دیرین را رها کردند و از دژ سنجان در خواف نیشابور بیرون آمده، نخست به قهستان خراسان و از آن جا راه جزیره هرمز را پیش گرفتند و سرانجام در پی یافتن کوچ‌نشینی در گجرات از راه خلیج فارسی راهی دیار هند شدند. شصت سال پس از آن که نخستین دسته مهاجران در گجرات امنیت یافتند، جمعی دیگر از به دینان به آنان پیوستند و نوادگان این مهاجران هنوز در هند آیین نیاکان خود را پاس می دارند، و به پارسیان شهرت دارند". (حسن انوشه، ج۴: ۳۴)

و شهریار نقوی چنین می نویسد: "پس از اسلام، (.................................. اول.......................) و در آن مملکت مصدر خدمات شایانی به جوامع بشری و علم و دانش گشتند". (شهریار نقوی، ۱۳۵۳: ۷۲)

برخی از محققان معتقدند که سال ها پیش از این گروه، روحانیون زرتشتی برای تبلیغ دین یا بازرگانی به هند رفته بودند و از آن زمان انگاره‌ی مهاجرت به آن دیار در ذهن ایرانیان نقش بسته بود. دکتر تاراچند در این باره چنین می نویسد: "قرن ها پیش از مهاجرت گروهی زرتشتیان که به دنبال انقراض حکومت ساسانیان صورت گرفت، مغ های زرتشتی به هند رفت و آمد می کردند و در تاکسیلا و مولتان پیروانی داشتند. وی می افزاید این ها در زمان امپراتوری آشوکا به شبه قاره آمدند و رسم پرستش آتش و خورشید را انتشار دادند". (تاراچند، ۱۳۴۳: ۳-۱۰)

در دوران‌های مختلف، چه پیش و چه پس از ورود و گسترش اسلام در شبه قاره، ایرانیان از طبقات مختلف به این سرزمین مهاجرت می کردند. به سبب موقعیت‌ها و شرایط مختلف، مهاجرت‌ها گاه به صورت انفرادی و گاه به صورت گروهی و جمعی صورت می گرفت.

این مهاجرت‌ها در دوره‌هایی از تاریخ بیشتر بوده است. ۱- حمله‌ی اعراب، ۲- یورش های غزنویان، ۳- تهاجم مغولان، ۴- سیاست‌های عصر صفویه.

۱. حمله‌ی اعراب: در نتیجه‌ی حمله‌ی اعراب به ایران و انقراض سلسله ی ساسانی، جمعیت بزرگی از زرتشتیان ایرانی در نیمه‌ی دوم قرن هشتم میلادی از راه دریا و خشکی به شبه قاره کوچیدند. (.................................. دوم.......................) و جمعیت پارسیان هند را به وجود آوردند.

پس از تسخیر هند به وسیله محمّد بن قاسم ثقفی در سال های آغازین سده‌ی هشتم میلادی و راه یافتن گروه بیشتری از مسلمانان به آن دیار کوچ‌ها و مهاجرت‌های فردی و گروهی ایرانیان به هند فزونی یافت.

۲. یورش های غزنویان: در پی حملات و فتوحات سبکتگین و محمود غزنوی در اواخر سده‌ی چهارم هجری (دهم میلادی) و اوایل سده‌ی پنجم هجری (یازدهم میلادی) یکی دیگر از مهاجرت‌های دسته جمعی ایرانیان صورت گرفت. به دنبال این مهاجرت‌ها امیران و سربازان غزنوی برای حفظ و اداره ی مناطق مفتوحه در سرزمین هند به ویژه در شهرهای لاهور، مولتان و سند ماندگار شدند و لاهور را به عنوان پایتخت خویش برگزیدند و سربازان بسیار در آن جا گرد آورند.

۳. تهاجم مغولان: تاخت و تاز و کشتار هراس‌انگیز مغولان در ربع اوّل سده‌ی هفتم هجری (سیزدهم میلادی) خراسان را که بیش از سه سده محل رشد و اشاعه زبان و ادبیات فارسی بود، یکسره ویران ساخت. جمعی از اهل قلم و هنر به

25 درس سه

خاک و خون غلطیدند و بسیاری از آن ها راه فرار را پیش گرفتند و به کشورهای همسایه و گاهی دورتر کوچ کردند. (.................... سوم.......................). (فرهنگ ارشاد: ۱۶۵)

پس از آن کوچ‌ها و مهاجرت‌ها تقریباً به صورت پیوسته ادامه یافت و جریانی به نسبت آرام و مستمر از ورود ایرانیان در هند شکل گرفت و تا یک سده ادامه یافت.

۴. عصر صفویه: گاهی شرایط پرآشوب زمانه و زمانی هم سیاست‌های ناسنجیده پادشاهان، عامل مؤثری برای مهاجرت آریاییان به سرزمین‌های دیگر بود ه است. گفته شده است (.................... چهارم.......................).
ملک الشعرای بهار در این باره چنین می گوید: "در دورهٔ صفویه به دو علت، جمع بسیاری از ارباب ذوق و کمال و شوق، مهاجرت را بر ماندن در ایران رجحان نهادند و بیش تر آن ها به هند رخت کشیدند. یکی به دلیل بعضی رفتار حکام صفوی بود و دیگری طمع و انتجاع این افراد. بنابراین بسیاری از آنها از شاعر گرفته تا واعظ و نویسنده و هر هنرمندی که توانست از ایران بگریزد، به سوی هند روانه شد. (.................... پنجم.......................) و از هوش و ذوق آن‌ها لذت می بردند. آن ها هم در دربار با بذله‌گویی و خوش‌زبانی و مداحی، درباریان را خشنود می ساختند. در این زمان شعر و شاعری به زبان فارسی در دهلی بیش از اصفهان رواج داشت، به ویژه که پادشاهان صفوی به زبان ترکی صحبت می کردند". (ملک الشعرای بهار، ۱۳۸۱، ج۳: ۱۱۷۰-۷۱)

منبع: جابری نسب، ن. (۱۳۸۸). مهاجرت ایرانیان به هند، *فصلنامهٔ مطالعات شبه قاره*، ۱ (۱)، ۲۵-۵۶.

چهار. معنی هر یک از لغت‌های زیر را با توجه به متن بنویسید.

۱. طاقت‌فرسا ....
۲. زادوبوم..
۳. دژ..
۴. در پی..
۵. انگاره..
۶. مغ ....
۷. اشاعه ....
۸. پرآشوب..
۹. ارباب ذوق ....
۱۰ انتجاع ....

پنج. ابتدا جمع یا مفرد بودن هر یک از کلمات زیر را معین کنید؛ سپس شکل جمع یا مفرد آن را بنویسید.

۱. نیاکان..
۲. نوادگان ....
۳. جوامع ....
۴. بازرگان ....
۵. طبقات..
۶. آیین ....
۷. شرایط..
۸. حکام..
۹. مغولان..
۱۰. روحانیون ....

شش. کلماتی را در متن بیابید که هم‌معنای عبارات زیر باشند.

۱. پایان یافتن..
۲. دورهٔ تاریخی ....
۳. به مرور زمان..
۶. عامل، باعث..
۷. حمله، تجاوز ....
۸. ترس، رعب ....

۴. حفظ و نگهداری .... ۹. مزاح، شوخی ....

۵. کهن، قدیمی .... ۱۰. تعریف و تمجید ....

هفت. با توجه به متن، مشخص کنید هر یک از جملات زیر، درست است **(د)**، نادرست است **(ن)**، یا اشاره نشده است **(ا)**.

۱. محققان معتقدند در دوران صفویه بود که برای نخستین ایرانیان فکر مهاجرت به هند را در سر پروراندند. ....

۲. مغولان و غزنویان و یورش های آنان توانست عامل مهاجرت عده‌ای از ایرانیان گردد. ....

۳. سیاست‌های فرهنگی و هنری عصر صفویه زوایای متعددی، ازجمله ادبیات آن دوره را در برمی‌گرفت. ....

هشت. با توجه به متن، به هر یک از پرسش‌های زیر به طور مختصر پاسخ دهید.

۱. چگونه مزدیسنان به هند راه یافتند؟

....
....
....

۲. دوره‌های عمده‌ی مهاجرت ایرانیان به هند را بنویسید.

....
....
....

۳. سربازان غزنوی پس از ورود به هند چه کردند؟

....
....
....

۴. نقش محمد بن قاسم ثقفی چه بود و چه نتیجه‌ای به بار آورد؟

....
....
....

نه. هر یک از جملات ذیل مربوط به یکی از نقطه چین‌های درون متن است. آن را در جای مناسب خود بنویسید. یکی از جملات اضافی است.

۱. ابتدا در گجرات و در سده‌های بعدی در دیگر شهرهای هند پراکنده شدند.

۲. پس از به حکومت رسیدن اکبر شاه در سرزمین هند، مرکز شعر و ادب از اصفهان به دهلی منتقل شد.

۳. زرتشتیان ایرانی به تعداد قابل توجهی به شبه قاره مهاجرت نمودند.

۴. به سبب موقعیت ها، مهاجرت ها گاه به صورت انفرادی انجام می گرفت.

۵. زیرا پادشاهان تیموری، ایران را وطن خود و ایرانیان را هم شهری و هم زبان خود می‌دانستند.

۶. هزاران دانشمند، نویسنده، هنرمند، و صنعت گر فارسی زبان به هند کوچیدند.

ده. شکل مناسب کلمات داخل پرانتز را در جای خالی بنویسید. شمارهٔ یک به‌عنوان نمونه پاسخ داده شده است.

۱. عده‌ی زیادی از........ *مهاجران*...........ایرانی روانهٔ هند شدند. (هجرت)
۲. برخی والدین از آثار مخرب.. رسانه‌ای بر روی فرزندانشان نگران اند. (تبلیغ)
۳. آیین.. الهگان متعدد در بین مصریان رایج بوده است. (پرستش)
۴. .... در امر یادگیری زبان موجب نهادینه شدن مهارت‌های زبانی می‌گردد. (مستمر)
۵. شیخ یک به یک مریدان را............................... می‌کرد. (واعظ)

یازده. کلمات را به فعل مربوط وصل کنید و معنی آن را بنویسید. بیش از یک پاسخ می‌تواند درست باشد. (اختیاری)

۱. پیشی — الف. دادن ....
۲. انتشار — ب. ساختن ....
۳. صورت — ج. گرفتن ....
۴. رواج — د. یافتن ....
۵. حکومت — ه. آوردن ....
۶. ویران — و. بردن ....
۷. خشنود — ز. کردن ....
۸. نقش — ح. شدن ....
۹. فزونی — ط. خوردن ....
۱۰. ادامه — ی. بستن ....

دوازده. هر یک از عبارات مشخص‌شده را به زبان خود شرح دهید. (اختیاری)

۱. پس از کلام معلم، تصوری زیبا <u>در ذهن وی نقش بست</u>.
۲. سوار از اسب سرنگون شد و <u>به خاک و خون غلتید</u>.
۳. داستان‌نویس بزرگ ایرانی، پس از سال‌ها رنج، به جهان برین <u>رخت کشید</u>.
۴. دولت مصر در جریان مذاکرات <u>کار را یکسره کرد</u>.
۵. سنجیدن سخن گران‌مایه‌ی این دو استاد بزرگ و <u>رجحان یکی بر دیگری</u> کاری است دشوار.

سیزده. بدون مراجعه به متن و با توجه به معنی جمله، حرف اضافهٔ مناسب را انتخاب کنید. شاید بیش از یک پاسخ صحیح باشد. (اختیاری)

از - به - با - در - تا - برای

۱. هیئت داوران................. میان همهٔ شرکت‌کنندگان، تنها آقای همایی را برگزید.
۲. ایرانیان بسیاری................. هند کوچ کردند.
۳. راه‌های بسیاری برای لذت بردن................. زندگی وجود دارد.
۴. پادشاهان بسیاری در تاریخ ایران................. حکومت رسیدند.
۵. وی................. کتابخانهٔ خود، کتب بسیاری را گردآوری کرد.

چهارده. با مراجعه به متن، مشخص کنید هر یک از کلمات زیر، به کدام اسم یا اسامی قبل یا بعد خود معطوف می‌شود. (اختیاری)

۱. رفتار مسلمانان با مزدیسنان در عصر اموی به ویژه در فارس و خراسان رفته رفته اهانت‌آمیز و طاقت‌فرسا گردید و به همین خاطر بود که گروهی از <u>آنان</u> در پاس داری از دین نیاکان خود، زاد و بوم دیرین را رها کردند............

۲. قرن‌ها پیش از مهاجرت گروهی زرتشتیان که به دنبال انقراض حکومت ساسانیان صورت گرفت، مغ‌های زرتشتی به هند رفت و آمد می کردند و در تاکسیلا و مولتان پیروانی داشتند. وی می افزاید <u>این‌ها</u> در زمان امپراتوری آشوکا به شبه قاره آمدند و رسم پرستش آتش و خورشید را انتشار دادند............

۳. جمع بسیاری از ارباب ذوق و کمال و شوق، مهاجرت را بر ماندن در ایران رجحان نهادند....... بنابراین بسیاری از <u>آن‌ها</u> از شاعر گرفته تا واعظ و نویسنده و هر هنرمندی که توانست از ایران بگریزد، به سوی هند روانه شد............

پانزده. جمله‌های زیر از متن انتخاب شده است. آن را به زبان خود بازنویسی کنید. (اختیاری)

۱. از آن زمان انگاره‌ی مهاجرت به آن دیار در ذهن ایرانیان نقش بسته بود.

....

....

۲. ایشان مصدر خدمات شایانی به جوامع بشری و علم و دانش گشتند.

....

....

۳. آن‌ها هم در دربار با بذله‌گویی و خوش‌زبانی و مداحی، درباریان را خشنود می‌ساختند.

....

....

۴. امیران و سربازان غزنوی برای حفظ و اداره‌ی مناطق مفتوحه در سرزمین هند ماندگار شدند.

....

....

شانزده. مانند نمونه، ریشهٔ هر یک از کلمات را بیابید، و چند واژهٔ دیگر با این ریشه بنویسید. (اختیاری)

واژه	ریشه	مثال ۱	مثال ۲	مثال ۳
۱. کلمه	ک..ل..م	.... تکلم	کلام	کلیم ....
۲. موقعیت	....	....	....	....
۳. رُبع	....	....	....	....
۴. تقریباً	....	....	....	....
۵. شوق	....	....	....	....
۶. تهاجم	....	....	....	....
۷. امیر	....	....	....	....

واژه	ریشه	مثال ۱	مثال ۲	مثال ۳
۸. مفتوحه	....	....	....	....
۹. مؤثر	....	....	....	....
۱۰. رواج	....	....	....	....

هفده. جملات زیر در ادبیات رسمی کاربرد دارد. معنای عبارات پررنگ شده را بنویسید، و با هرکدام جمله بسازید. (اختیاری)

۱. مورخان، فرهنگ‌نویسان و تذکره‌نویسان **از این جمله هستند**.

معنی "ازجملهٔ چیزی بودن"..

....

مثال:...

....

۲. چنین به‌نظر می‌رسد که تصوف در نیمه‌ی سده‌ی پنجم هجری در اطراف مولتان **نضج گرفته** است.

معنی "نضج گرفتن"..

....

مثال:...

....

۳. دیگران نمی‌توانستند به‌خوبی **گذران زندگی کنند**.

معنی "گذران زندگی کردن"..

....

مثال:...

....

هجده. متن زیر از قسمتی دیگر از مقالهٔ فوق انتخاب شده است. مانند نمونه، جاهای خالی را پرکنید. (اختیاری)

دادوستدهای علمی، فلسفی و فنیِ هند و ایران ازجمله پیامدهای ارزشمندی است........ **که.......** مهاجران ایرانی در آن نقش مؤثری داشتند. (۱)................ نظر می رسد در سده‌های چهاردهم و پانزدهم میلادی، کشمیر (۲)................ از مراکز مهم این گونه دادوستدها بوده است. در سال های ۱۴۲۰ تا ۱۴۷۰م که فشار در کشمیر بر هندوها کاهش یافت و روابط صمیمانه‌تری در (۳)................ مهاجران و مردم بومی برقرار شد، بسیاری از کتاب های علمی و فلسفی از زبان سانسکریت به فارسی ترجمه، و نیز کتاب های فارسی و عربی به سانسکریت برگردانده (۴)................ در پی مسافرت ها و مهاجرت های ایرانیان به شبه قاره، تأثیرات متقابلی (۵)................ زمینه ی زبان، ادبیات، هنرها و علوم میان این دو جامعه جریان یافت.

درس سه   **30**

نوزده. قسمت‌هایی را در متن بیابید که، به نظر شما، نویسنده از بی‌طرفی فاصله گرفته، و جانبدارانه به موضوع موردبحث پرداخته است. مختصراً بنویسید چگونه می‌توان موضوع را مورد کنکاش دوباره قرار داد. (اختیاری)

....

....

....

....

....

....

....

....

....

بیست. با مراجعه به سایر منابع و ادبیات تحقیق موجود، چه اطلاعات دیگری از مهاجرت ایرانیان به هندوستان به دست می‌آورید؟ خلاصه‌ای از آن را بنویسید. (اختیاری)

....

....

....

....

....

....

درس چهار

زیست شهری

یک. در گروه‌های دو یا سه‌نفره، به پرسش‌های زیر پاسخ دهید.

۱. چه تفاوت‌هایی بین زندگی در شهر و روستا وجود دارد؟
۲. چند نمونه از مشارکت‌های مردمی در زندگی شهری را نام ببرید.
۳. آرمان‌شهر را چگونه می‌توان ساخت؟
۴. زیرساخت‌های شهری چه تأثیری در میزان رفاه شهروندان دارد؟
۵. تصویر زیر چه زاویه‌ای از زندگی شهری را به نمایش می‌کشد؟

دو. متن را سریع بخوانید. نویسندگان نام چه نهادهایی را ذکر کرده‌اند؟
سه. کل متن را دوباره بخوانید و ایدهٔ اصلی هر پاراگراف را در چند کلمه بنویسید.

....

....

....

مشارکت شهری

مدیریت شهری یک نهاد فراگیر و درگیر با موضوعات و پدیده های گسترده و متنوّع شهر و شهرنشینی است که به طبع از شرایط عمومی محیط اجتماعی خود تأثیر می پذیرد و خود را با امکانات بالقوّه و محدودیت‌های ناشی از آن هماهنگ می کند. تعاریف بسیاری از مدیریت شهری بیان شده است، از جمله اینکه "مدیریت شهری عبارتست از اداره ی امور شهر برای ارتقای مدیریت پایدار مناطق شهری با در نظر داشتن و پیروی از اهداف، سیاست های ملّی ، اقتصادی و اجتماعی کشور" یا "مدیریت شهری به عنوان چارچوب سازمانی توسعه ی شهر، به سیاست ها، برنامه ها، و طرح ها و عملیاتی گفته می شود که بتواند رشد جمعیّت را با دسترسی به زیرساخت‌های اساسی مانند مسکن ، اشتغال و مانند آن، مطابقت دهند" (رضوی، ۱۳۸۱: ۵۰). (.................................... اول..................... ....). در تمام جهان هرجا شهر و شهرنشینی وجود دارد، مهم ترین و اصلی ترین سازمانی که مسئولیت مدیریت شهر را به طور مستقیم بر عهده دارد ، شهرداری است. شهرداری به عنوان یکی از نمونه‌های نهاد محلّی، سازمانی است که در محدوده ی شهر برای رفع نیازهای مردم همان محل اداره می شود. در سیر تکامل شهرداری‌ها - گرچه در اصل ، نیازهای محلّی سبب تکوین شهرداری بوده است - نقش دولت را نمی توان نادیده گرفت ؛ زیرا دولت ها که به صورت متمرکز نمی توانستند تمام امور مردم را حلّ‌وفصل کنند، گستره‌ی اقتدار خود را تقسیم کردند. بدین ترتیب شهرداری‌ها نیز وظیفه و نقشی را برعهده گرفتند. از سویی مسئول انجام و تأمین بخشی از نیازمندی های محلّی شدند و از سوی دیگر، کارشناس و راهنمای شهر شناخته شده و سمت مشاور و نمایندگی دولت را در امور محلّی و رفاهی به دست آوردند (رضوی: ۱۳۸۱: ۷۳). نکته‌ی مهم در این میان، مشارکتی‌کردن مدیریت شهرداری‌ها است ؛ یعنی یکی از تحوّلات اساسی در مدیریت شهرداری ها، تبدیل مدیریت آنها به مدیریت مشارکتی است. البتّه ذکر این واقعیّت ضروری است که گام های چندی در سال‌های پس از انقلاب در این زمینه برداشته شده است ، اما هنوز نمی‌توان از شکل گیری متناسب آن با مشارکت شهروندان در اداره ی امور شهرها سخن گفت. (..........................دوم............................ ....) و می خواهد از ایده‌ها ، پیشنهادها، نوآوری ها و خلاقیّت ها و توان فنّی و تخصّصی آنها در حلّ مسائل و مشکلات سازمان، در راستای بهبود مستمر فعّالیّت های سازمان استفاده کند (طوسی، ۱۳۷۷).

شوراهای شهری، از جمله نهادهای مهم دیگر شهری است که در میزان مشارکت شهروندان در امور شهری اثرگذارند. (......... ....سوم.......................................). این شوراها نقش هماهنگ کننده میان دولت مرکزی، مردم و ارگان‌های محلّی را ایفا کرده و بر انجام کارهای شهری نظارت دارند. سیاست‌ها، روش ها و دستور کارهای نادرست، اغلب مشکل‌آفرین هستند. اینجاست که ضرورت تشکیل و فعّالیّت شوراها نمایان می‌شود. تشکیل‌نشدن چنین شوراهایی، باعث می شود وقت مسئولان صرف حل مسائل و مشکلاتی شود که به آنان ربطی ندارد و در واقع، سبب کاهش کارایی در امور و وظایف اصلی آنان نیز می شود. گسترش واحدهای اجتماعی و در پی آن ، تنوّع مسائل و مشکلات، باعث می شود مردم به سازمان هایی متوسّل شوند که به آنان مربوط نیست و تنها اتلاف وقت را به دنبال دارد. از سوی دیگر، توزیع مسئولیت ها به صورت غیر منطقی، تنها باعث افزایش کاغذبازی و دست‌نیافتن به نتایج مورد نظر می شود. (........... ....چهار.................................) (رضویان، ۱۳۸۱: ۸۲).

شوراهای حلّ اختلاف شهری نیز به سان نهادهای قبلی یاد شده، از دسته نهادهای نوبنیادی است که با تأثیرگذاری مستقیم و غیر مستقیم بر مردم، از طریق حلّ مشکلات حقوقی آنها ، تأثیر به سزایی در مشارکت آنان در امور شهری دارد. جایگاه شوراهای حلّ اختلاف و تأثیر مثبت آن در اجتماعات روستایی و جوامع شهری، به دلیل نقش اساسی آن در کاهش تنش‌های اجتماعی، بالابردن اعتماد اجتماعی و....... در راستای توسعه‌ی مشارکت های مردمی، از جمله موضوعاتی است که به لحاظ

33 درس چهار

نظری تأیید شده است. شاید به همین دلیل بوده است که نهاد مدنی شورای حلّ اختلاف در اجرای بند ۲ اصل ۱۵۶ قانون اساسی و به موجب مادّه‌ی ۱۱۸۹ قانون برنامه ی سوم توسعه‌ی اجتماعی، اقتصادی و فرهنگی جمهوری اسلامی ایران و آیین نامه‌ی اجرایی آن تأسیس یافته و به موجب مادّه‌ی ۱۳۴ قانون برنامه‌ی چهارم توسعه، مدّت اجرای آن تا پایان برنامه‌ی ۱۳۸۸ تمدید شد. سرانجام، لایحه‌ی شورای حلّ اختلاف و نهاد قاضی تحکیم، از سوی مجلس شورای اسلامی به صورت آزمایشی برای پنج سال تصویب شد. (.......................... . پنج.. ....). از این حیث، شوراهای حلّ اختلاف می توانند به عنوان نهادی مؤثّر در کنار سایر نهادهای اجتماعی، حضور شهروندان و مشارکت آنان را در امور شهری، سرعت بخشند. بنابراین، برای توسعه ی شهری، به نهادهایی در جامعه احتیاج است که اوّل از بوروکراسی های زائد اداری بکاهند و دوم با برقراری ارتباط دوسویه بین خود و مردم ، به سوی شفّاف‌سازی امور گام بردارند. به نظر می رسد یکی از همان نهادهای مردمی، نهاد شوراهای حلّ اختلاف است که می تواند همچون کاتالیزوری، مشارکت مردم در امور شهری را شتاب بخشد. با در نظر گرفتن موارد مذکور می توان، مهم ترین اهداف شوراهای حلّ اختلاف را، صلح و سازش بین طرفین دعوا (ایزدی فر و یوسفی آهنگرکلایی، ۱۳۸۳: ۱۶)، رسیدگی سریعتر به امور مردم، مشارکت‌دهی مردم در حلّ‌وفصل امور قضایی، جلب اعتماد مردم نسبت به دستگاه قضایی ، انقطاع فرایند کیفری و کاهش احتمال وقوع جرایم بعدی، پیداکردن راه های مفید و مؤثّر برای مشارکت‌دادن جامعه و دخالت آن برای پاسخ به شرایط اجتماعی جرم (توجّهی، ۱۳۸۳)، جایگزینی عدالت ترمیمی به جای عدالت کیفری (زهر، ۱۳۸۳) و....... عنوان کرد.

منبع: علیزاده اقدم، م. ب.، عباس زاده، م، کوهی، ک. و مختاری، د. (۱۳۹۲). نهادهای شهری و مشارکت شهروندان در اداره ی امور شهری (مطالعه موردی: شهر اصفهان). *پژوهش‌های جغرافیای انسانی*، ۸۴(۴۵)، ۱۹۵-۲۱۵.

چهار. معنی هر یک از لغت های زیر را با توجه به متن بنویسید.

۱. فراگیر...
۲. زیرساخت..
۳. ائتلاف...
۴. کاغذبازی..
۵. نوبنیاد...
۶. بوروکراسی ....
۷. دوسویه ....
۸. کاتالیزور ....
۹. کیفری ....
۱۰. ترمیمی ....

پنج. ابتدا جمع یا مفرد بودن هر یک از کلمات زیر را معین کنید؛ سپس شکل جمع یا مفرد آن را بنویسید.

۱ .اهداف...
۲ .عملیات..
۳ .مشاور ....
۴ .نمایندگی ....
۵ .شهروندان...
۶ .اجتماعات...
۷ .آیین‌نامه ....
۸ .لایحه ....
۹ .قاضی...
۱۰ .فرایند...

شش. کلماتی را در متن بیابید که هم‌معنای عبارات زیر باشند.

۱. گوناگون؛ مختلف ....
۲. طبعاً؛ طبیعتاً..
۳. موافقت؛ سازگاری ....
۶. بایستگی؛ الزام ....
۷. سزاوار؛ شایسته ....
۸. غیرضروری؛ اضافه ....

۴. ختم کردن (مشکل) .... ۹. انفصال؛ گسست..............................

۵. نوآفرینی ابداع .... ۱۰. طرح (از سوی دولت) ....

هفت. با توجه به متن، مشخص کنید هر یک از جملات زیر، درست است **(د)**، نادرست است **(ن)**، یا اشاره نشده است **(ا)**.

۱. دولت‌ها قادر بودند به تنهایی تمام مسائل موردنیاز مردم را برآورده سازند...............

۲. تشکیل شوراها می‌تواند استفاده از وقت مدیران را بهینه کند...............

۳. بیشتر شوراهای شهری حاصل تلاش‌های دولت در تمرکززدایی از وظایف خویش است...............

هشت. با توجه به متن، به هر یک از پرسش‌های زیر به طور مختصر پاسخ دهید.

۱. یکی از تعریف‌های موجود از مدیریت شهری را بنویسید.

....

....

....

۲. برخی از وظایف شهرداری‌ها چیست؟

....

....

....

۳. کدام نهاد نقش هماهنگ‌کننده میان دولت مرکزی، مردم و ارگان‌های محلی را ایفا می‌کند؟

....

....

....

۴. دلیل اهمیت شوراهای حل اختلاف چیست؟

....

....

....

نه. هر یک از جملات ذیل مربوط به یکی از نقطه‌چین‌های درون متن است. آن را در جای مناسب خود بنویسید. یکی از جملات اضافی است.

۱. بیش از این نمی‌توان از نهادی چون شهرداری توقع همکاری داشت.

۲. امروزه کمابیش تمام شهرهای جهان دارای شوراهای فعّال شهری هستند.

۳. این امرنشان می‌دهد تمامی نهادهای اجتماعی، به‌نوعی با همدیگر ارتباط تنگاتنگ دارند.

۴. یکی از نهادهای شهری مهم و تأثیرگذار در مشارکت شهروندان در امور شهری، شهرداری است.

۵. درحالی که مردم هر منطقه با عِلم به نیازها و مشکلات خود، می‌توانند با مراجعه به شورای شهر یا روستا، به خواست‌های منطقی خود دست یابند.

۶. تأکید اصلی مدیریت مشارکتی بر همکاری و مشارکت داوطلبانه‌ی شهروندان است.

ده. شکل مناسب کلمات داخل پرانتز را در جای خالی بنویسید. شمارهٔ یک به‌عنوان نمونه پاسخ داده شده است.

۱. پلیس راهور از اعمال..........*محدودیت‌های*..........جدید ترافیکی در محورهای منتهی به مشهد خبر داد. (محدود)
۲. میزان.............................. مردمی در امور خیریه با اندکی کاهش مواجه بوده است. (شرکت)
۳. تعدادی از............................ سازمان مربوط خواستار بستانکاری معوق خود بودند. (مستمری)
۴. برخی تجهیزات نوین صنعتی از.. لازم در مناطق مختلف جغرافیایی برخوردار نیست. (کار)
۵. در راستای......................... بیش‌از پیش قضیه، کارگروه ویژه‌ای در مجلس تشکیل شده است. (شفاف)

یازده. کلمات را به فعل مربوط وصل کنید و معنی آن را بنویسید. بیش از یک پاسخ می‌تواند درست باشد. (اختیاری)

۱.	مطابقت	الف. گُزیدن	....
۲.	تأثیر	ب. برداشتن	....
۳.	برعهده	ج. یافتن	....
۴.	به دست	د. بخشیدن	....
۵.	گام	ه. خوردن	....
۶.	ربط	و. داشتن	....
۷.	به دنبال	ز. پراکندن	....
۸.	دست	ح. کشیدن	....
۹.	سرعت	ط. آوردن	....
۱۰.	شتاب	ی. پذیرفتن	....

دوازده. هر یک از عبارات مشخص‌شده را به زبان خود شرح دهید. (اختیاری)

۱. تمام تلاش وی این است که خود را با محیط پیرامونی هماهنگ سازد.
۲ .نادیده‌گرفتن نیازهای اقشار کم‌درآمد مشکلاتی جدی به‌دنبال دارد.
۳ .گام‌های مؤثری در این زمینه برداشته شده است.
۴. این قبیل افراد نقش مؤثری در رشد جامعه ایفا می‌کنند.
۵. این شوراها نیز به‌سان نهادهای مذکور نوبنیاد است.

سیزده. بدون مراجعه به متن و با توجه به معنی جمله، حرف اضافهٔ مناسب را انتخاب کنید. شاید بیش از یک پاسخ صحیح باشد. (اختیاری)

برای - در - از - بر - به

۱. پیروی.............. اهداف سیاست‌های ملی، اقتصادی و اجتماعی ازجمله وظایف مدیریت شهری است.
۲. از سازه‌های جدید می‌توان................ رفع برخی نیازهای بومی استفاده کرد.
۳. .... حل مسائل نوین از توانمندی معلمان باسابقه استفاده شده است.
۴. جناب پروفسور شخصاً.............. مراحل پیشرفت پروژه نظارت دارند.
۵. مشارکت.............. فعالیت‌های درسی جزو وظایف همهٔ دانشجویان است.

چهارده. با مراجعه به متن، مشخص کنید هر یک از کلمات زیر، به کدام اسم یا اسامی قبل یا بعد خود معطوف می‌شود. (اختیاری)

۱. البته ذکر این واقعیت ضروری است که گام‌های چندی در سال‌های پس از انقلاب در این زمینه برداشته شده است، اما هنوز نمی‌توان از شکل‌گیری متناسب آن با مشارکت شهروندان در اداره‌ی امور شهرها سخن گفت.....................
....

۲. تشکیل‌نشدن چنین شوراهایی، باعث می‌شود وقت مسئولان صرف حل مسائل و مشکلاتی شود که به آنان ربطی ندارد و در واقع، سبب کاهش کارایی در امور و وظایف اصلی آنان نیز می‌شود....................................

۳. نهاد مدنی شورای حلّ اختلاف در اجرای بند ۲ اصل ۱۵۶ قانون اساسی و به موجب مادّه‌ی ۱۱۸۹ قانون برنامه‌ی سوم توسعه‌ی اجتماعی، اقتصادی و فرهنگی جمهوری اسلامی ایران و آیین‌نامه‌ی اجرایی آن تأسیس یافته و به موجب مادّه‌ی ۱۳۴ قانون برنامه‌ی چهارم توسعه، مدّت اجرای آن تا پایان برنامه‌ی ۱۳۸۸ تمدید شد....................................

پانزده. جمله‌های زیر از متن انتخاب شده است. آن را به زبان خود *بازنویسی* کنید. (اختیاری)

۱. در اصل، نیازهای محلی سبب تکوین شهرداری بوده است.

....

....

۲. یکی از تحولات اساسی در مدیریت شهرداری‌ها، تبدیل مدیریت آنها به مدیریت مشارکتی است.

....

....

۳. این موارد از جمله موضوعاتی است که به لحاظ نظری تایید شده است.

....

....

۴. از این حیث، شوراهای حل اختلاف می‌توانند حضور شهروندان و مشارکت آنان را در امور شهری سرعت بخشند.

....

....

شانزده. مانند نمونه، ریشهٔ هر یک از کلمات را بیابید، و چند واژهٔ دیگر با این ریشه بنویسید. (اختیاری)

واژه	ریشه	مثال ۱	مثال ۲	مثال ۳
۱. کلمه	...... ک..ل..م	.... تکلم	.... کلام	.... کلیم ....
۲. اقتصاد	....	....	....	....
۳. اقتدار	....	....	....	....
۴. تحولات	....	....	....	....
۵. میزان	....	....	....	....
۶. نظارت	....	....	....	....
۷. اختلاف	....	....	....	....

واژه	ریشه	مثال ۱	مثال ۲	مثال ۳
۸. تحکیم	....	....	....	....
۹. حقوق	....	....	....	....
۱۰. جرائم	....	....	....	....

هفده. جملات زیر در ادبیات رسمی کاربرد دارد. معنای عبارات پررنگ شده را بنویسید، و با هرکدام جمله بسازید. (اختیاری)

۱. شهروندان بر نارسایی های موارد مذکور **صحه گذاشته‌اند**.

معنی "بر چیزی صحه گذاشتن"..

....

مثال"..

....

۲. تأخیر در انجام وعده‌ها موجب می‌شود مردم **از صرافت** خواسته‌های خود **بیافتند**.

معنی "از صرافت چیزی/کاری افتادن"..

....

مثال"..

....

۳. هنوز می‌توان **به آیندهٔ** برخی پژوهش‌های میدانی **امید داشت**.

معنی "به آیندهٔ (چیزی) امید داشتن/بستن"..

....

مثال:..

....

هجده. متن زیر از قسمتی دیگر از مقالهٔ فوق انتخاب شده است. مانند نمونه، جاهای خالی را پرکنید. (اختیاری)

اکنون با در نظر گرفتن موارد مطرح شده در بالا می توان گفت که در جامعه‌ی ما، ایران، نیاز به مشارکت........... **بیش**.......از پیش احساس می شود؛ چراکه افزایش جمعیت و شهرنشینی پدیده‌ای فراگیر در یک صد سال (۱).............. بوده است که هم کشورهای صنعتی و هم کشورهای روبه پیشرفت را با چالشهای جدیدی (۲)................ کرده است. بنابراین، توانمندسازی انسان ها، کاهش مشکلات شهری و تحقق توسعه در ایران که در دوران (۳)................ از جامعه‌ی سنتی به مدرن است، به عنوان یک مسئله‌ی اساسی در مدیریت شهری (۴)................ است که تنها با بهره‌گیری درست از توان و استعدادهای موجود شهروندان در چارچوب برنامه های مشارکتی، قابل دستیابی است. این در (۵)................ است که در بسیاری از شهرهای بزرگ، زیرساخت‌های شهری با روند رو به رشد جمعیت شهرها، هماهنگی مطلوب را ندارند (قراچورلو و اسمعیلی، ۱۳۸۶).

درس چهار 38

نوزده. قسمت‌هایی را در متن بیابید که، به نظر شما، نویسنده از بی‌طرفی فاصله گرفته، و جانب‌دارانه به موضوع مورد بحث پرداخته است. مختصراً بنویسید چگونه می‌توان موضوع را مورد کنکاش دوباره قرار داد. (اختیاری)

....

....

....

....

....

....

....

بیست. با مراجعه به سایر منابع و ادبیات تحقیق موجود، چه اطلاعات دیگری دربارهٔ زیست و مشارکت شهری به‌دست می‌آورید؟ خلاصه‌ای از آن را بنویسید. (اختیاری)

....

....

....

....

....

....

....

درس پنج

خانواده

یک. در گروه‌های دو یا سه‌نفره، به پرسش‌های زیر پاسخ دهید.

۱. اعضای خانوادهٔ شما را چه افرادی تشکیل می‌دهند؟
۲. تفاوت نقش پدر و مادر در خانواده چیست؟
۳. فکر می‌کنید جایگاه خانواده در فرهنگ‌های مختلف چه تفاوتی دارد؟
۴. کدام افراد در خانوادهٔ شما تصمیم می‌گیرند؟
۵. قدرت در خانواده چگونه توزیع می‌شود؟

دو. پاراگراف دوم را بخوانید. نویسنده راجع به چه موضوعی بحث خواهد کرد؟
سه. کل متن را بخوانید. به باور نویسنده، به دنبال هرمی‌شدن قدرت در خانواده، چه مشکلاتی به وجود آمده است؟

....

....

....

زنان در خانواده

قدرت و احراز از آن پدیده ای تاریخی است که همواره، هم در عمل، هم در اندیشه مطرح بوده است. به تعبیری می توان گفت، قدرت جزئی لاینفک از حیات بشری است که در جامعه و به تبع آن، در همه ارکان اجتماعی از جمله خانواده مطرح است.

در جریان تاریخ، قدرت در خانواده به مرد یا زن تفویض شد و با آن پدرسری و مادرسری فراهم آمد. پدرسری با پدرتباری، پدرنامی و پدرمکانی مترادف گردید. (.................................... .اول............................ ....). مادرسری نیز در همین سیاق عمل می کرد، لیک، تفاوت در این بود که خانواده مادرسر شیوع کمتری داشت و تام نیز نبود. بدین معنی که از یکسو امتداد اجتماعی نیافت ، یعنی ترجمان مادرسری به مادرسالاری تحقق نیافت، از سوی دیگر، در درون خانواده نیز مادر، اقتدار خود را با دائی تقسیم کرد. پیدایی قدرت در خانواده و عمودی شدن هرم آن ، مسائل و تنگناهای بسیاری فراهم آورد که برخی از آنان چنین اند:

فقدان اندیشه ـ (.. دوم.. ....) ، ناچار از تفکر باز می ماند. چون از او خواسته می شود صرفاً بپذیرد و عمل کند.

فقدان اعتقاد ـ آن کس که نمی تواند و نباید بیندیشد، هیچ اعتقادی نیز به هیچ اندیشه، یا تصمیم نخواهد داشت در نتیجه، دچار همنوائی خواهد شد. یعنی هر لحظه به رنگی در می آید، و با هر باد به یک سو سرگردان حرکت می کند.

تضاد بین نسلی ـ جامعه‌پذیری از طریق صدور دستور و امر موجب پیدایی تخالف ، تضاد و در نهایت شکاف نسلی است. (.. سوم...)؛ اگر قرار شود به زور و صرفاً با تحکم اعمال شوند، موجبات تحیر، کین و فاصله نسل ها را فراهم می آورد. به عنوان مثال سلام‌دادن به بزرگترها به عنوان یک هنجار اجتماعی مورد توجه است، هنجار خود بر پایه اصول و مبانی درستی تعبیه شده است. از طریق ادای سلام، دوست‌یابی صورت می گیرد ، با سلام ارتباط اجتماعی فراهم می آید و انسان از تنهایی بیرون می آید ؛ سلام و ادای درست آن به معنای پذیرش تجربه بزرگسالی و احترام بدان است؛ لیک همین هنجار درست، چنانچه به زور تحمیل شود، کودک از اساس نظری و توجیه منطقی و درست آن غافل می شود. لذا از آمر فاصله می گیرد و او را در دادگاه کوچک خود محاکمه و محکوم می کند.

ناتوانی شخصیت ـ فرزندی که از یک خانواده با هرم عمودی قدرت برمی خیزد، شخصیتی ناسالم دارد. یکی از ابعاد عدم سلامت چنین شخصیتی، قدرت نگری است. او یاد می گیرد در برابر قدرت تسلیم شود، هرچند که هیچ منطقی در اندیشه صاحب قدرت نباشد. بنابراین، منطق و درستی اندیشه مطمح نظر او نیست، تنها قدرت توجیه‌کننده درستی یا نادرستی هر اندیشه یا عمل است.

عمودی شدن هرم قدرت در خانواده، موجبات پیدایی شخصیت‌هایی را فراهم می آورد که اتکاء به نفس ندارند و همواره درصدد همنوایی هستند؛ انسان های کوچکی که حتی در بزرگسالی در جستجوی حامی و پناه هستند. همچنین دوگانگی شخصیت از تبعات پیدایی قدرت در خانواده وعمودی شدن هرم آن است. شخصیت دوگانه از آن کسی است که از انسجام شخصیت برخوردار نیست و در هر موقعیت، شخصیتی ویژه و ناپایدار ارائه می دهد. در یک کلام، (.................... .... چهارم.......................) چنین انسان هایی نه شهروندانی مناسب هستند، نه بلوغ لازم برای اداره جامعه را احراز خواهند کرد.

خانواده از آن رو اهمیت دارد که نخستین نهاد اجتماعی است که با آن روبرو می شویم و از درونش حیات اجتماعی را تجربه و آغاز می کنیم. خانواده به تعبیر کلود لوی استروس ، موجبات برخورد فرهنگ و طبیعت را فراهم می آورد. یعنی از طریق فرآیند جامعه‌پذیری، خانواده موجبات فرهنگی‌شدن انسان را فراهم می آورد. مهار غرایز، هدایت و کنترل آنان در درون

41 درس پنج

خانواده و از طریق آن صورت می گیرد. در طول تاریخ مشخص شده است که (.. .... .پنجم...).

از سوی دیگر، پیدایی اندیشه‌های جدید در باب قدرت در خانواده، ویژگی‌ها و حدود آن و تفویض آن به زن یا مرد موجب شد روش‌های سنتی فرو ریزد و بی‌هنجاری به عنوان یکی از پیامدهای آن بروز نماید. در این صورت مشخص نیست حدود قدرت کجاست و چه کسی متکفل آن است. بنابراین، قدرت هرجا به صورتی اعمال می شود و هرکس می بایست برای کسب آن به زور و یا شیوه های دیگر متوسل شود.

منبع: ساروخانی، ب. (۱۳۸۴). زن، قدرت و خانواده: پژوهشی در جایگاه زن در هرم قدرت خانواده. *زن در توسعه و سیاست*، ۱۲ (۳)، ۲۹-۵۰.

چهار. معنی هر یک از لغت های زیر را با توجه به متن بنویسید.

۱. حراز ....
۲. لاینفک ....
۳. تفویض...
۴. سیاق...
۵. تخالف ....
۶. تعبیه...
۷. آمر ....
۸. مطمح...
۹. انسجام ....
۱۰. متکفل...

پنج. ابتدا جمع یا مفرد بودن هر یک از کلمات زیر را معین کنید؛ سپس شکل جمع یا مفرد آن را بنویسید.

۱. تعبیر...
۲. جزء...
۳. جریان...
۴. هرم...
۵. اندیشه ....
۶. عنوان ....
۷. صاحب...
۸. بزرگسال ....
۹. تبعات ....
۱۰. غرایز...

شش. کلماتی را در متن بیابید که هم‌معنای عبارات زیر باشند.

۱. حکومت پدر...
۲. هم‌معنا؛ همانند...
۳. ولی؛ لیکن ....
۴. گسترش؛اشاعه ....
۵. تعبیر؛تفسیر ....
۶. محدودیت؛مضیقه...
۷. هم صدایی؛ مرنگی...
۸. سبب‌ها؛ علل...
۹. حیران شدن ....
۱۰. تشریح؛تبیین...

هفت. با توجه به متن، مشخص کنید هر یک از جملات زیر، درست است **(د)**، نادرست است **(ن)**، یا اشاره نشده است **(ا)**.

۱. تقسیم نشدن اقتدار مادر با دایی به مادرسالاری خواهد انجامید.................
۲. تضاد نسلی نشئت گرفته از فقدان اعتقاد و فقدان اندیشه است.................

درس پنج **42**

۳. عمودی شدن قدرت در خانواده به همنوائی افراد می‌انجامد..........................

هشت. با توجه به متن، به هر یک از پرسش‌های زیر به‌طور مختصر پاسخ دهید.

۱. نویسنده چه تعریفی از همنوائی ارائه می‌دهد.

....

....

....

۲. چنانچه هنجاری مانند ادای سلام بر کودک تحمیل گردد، چه عواقبی به‌دنبال خواهد داشت؟

....

....

....

۳. دوگانگی شخصیت به چه دلیل پدیدار می‌شود و چه معنایی دارد؟

....

....

....

۴. چه چیز باعث شده است حدود قدرت در خانواده نامشخص باشد؟

....

....

....

نه. هر یک از جملات ذیل مربوط به یکی از نقطه‌چین‌های درون متن است. آن را در جای مناسب خود بنویسید. یکی از جملات اضافی است.

۱. زمانی که کودک یا نوجوان، مجبور به تعبد و پذیرش بی چون وچرای دستور است.

۲. با آنچه آمد، ضرورت بررسی قدرت در خانواده و جایگاه زن در درون آن آشکار می‌شود.

۳. هر زمان خانواده دچار آسیب شده است، هرگز نمی توان جامعه ای سالم را انتظار داشت.

۴. در یک خانواده با ساختار عمودی قدرت، انسان‌هایی غیرمتعادل پدید می‌آیند.

۵. هنجارهای اجتماعی بر پایه‌های تجربه و منطق پدید آمده‌اند.

۶. درنتیجه پدر نقش‌های متنوعی یافت و به تبع آن قدرتی عظیم را از آن خویش ساخت.

ده. شکل مناسب کلمات داخل پرانتز را در جای خالی بنویسید. شمارهٔ یک به‌عنوان نمونه پاسخ داده شده است.

۱. ....جامعه‌پذیری..........از طریق صدور دستور و امر موجب پیدایی شکاف نسلی است. (جامعه)

۲. .... شدن از آموزش کودکان ممکن است به برخی ناهنجاری‌های اجتماعی بیانجامد. (غفلت)

۳. هوای.......................... شهروندان بسیاری را با مشکل تنفسی مواجه ساخته است. (سلامت)

۴. درستی یا.......................... این فرضیه را پس از انجام آزمایش‌ها متوجه خواهیم شد. (درست)

43 درس پنج

۵. رویکرد .... به مقولۀ تولید ملی کاهش انگیزۀ کارفرمایان را به دنبال دارد. (دوگانگی)

یازده. کلمات را به فعل مربوط وصل کنید و معنی آن را بنویسید. بیش از یک پاسخ می تواند درست باشد. (اختیاری)

۱.	فراهم	الف نمودن	....	
۲.	تقسیم	ب انداختن	....	
۳.	تحقق	ج داشتن	....	
۴.	پدید	د آوردن	....	
۵.	تعبیه	ه برآوردن	....	
۶.	فاصله	و گرفتن	....	
۷.	تسلیم	ز فرستادن	....	
۸.	اتکا	ح پراندن	....	
۹.	انتظار	ط بریدن	....	
۱۰.	بروز	ی یافتن	....	

دوازده. هر یک از عبارات مشخص شده را به زبان خود شرح دهید. (اختیاری)

۱. برای نیل به اهداف بلندمدت باید به همین <u>سیاق</u> عمل کرد.
۲. آنانی که دچار همنوایی می‌گردند، <u>هر لحظه به رنگی</u> درخواهند آمد.
۳. دوست واقعی فردی است که <u>با هر باد به سویی</u> حرکت نکند.
۴. این رفتارها <u>از آن کسانی است</u> که شخصیت منسجمی ندارند.
۵. <u>توسل به زور</u> عامل واکنش‌های ناخوشایندی از سوی کودکان است.

سیزده. بدون مراجعه به متن و با توجه به معنی جمله، حرف اضافۀ مناسب را انتخاب کنید. شاید بیش از یک پاسخ صحیح باشد. (اختیاری)

برای - با - در - از - بر - به

۱. .... جریان تاریخ، قدرت در خانواده به مرد یا زن تفویض شد.
۲. .... یک سو موفقیت‌های محلی، و......................... سوی دیگر حمایت‌های مربیان به شکوفایی بیشتر وی منجر شد.
۳. این هنجار خود......................... پایۀ اصول و مبانی درستی مبنا شده است.
۴. این افراد بلوغ لازم......................... ادارۀ جامعه را احراز نخواهند کرد.
۵. خانواده نخستین نهادی است در اجتماع که......................... آن روبرو می‌شویم.

چهارده. با مراجعه به متن، مشخص کنید هر یک از کلمات زیر، به کدام اسم یا اسامی قبل یا بعد خود معطوف می‌شود. (اختیاری)

۱. به تعبیری می‌توان گفت، قدرت جزئی لاینفک از حیات بشری است که در جامعه و به تبع <u>آن</u>، در همه ارکان اجتماعی از جمله خانواده مطرح است. ....

۲. سلام و ادای درست آن به معنای پذیرش تجربه بزرگسالی و احترام بدان است؛ لیک همین هنجار درست، چنانچه به زور تحمیل شود، کودک از اساس نظری و توجیه منطقی و درست آن غافل می‌شود..

۳. از سوی دیگر، پیدایی اندیشه‌های جدید در باب قدرت در خانواده، ویژگی‌ها و حدود آن و تفویض آن به زن یا مرد موجب شد روش‌های سنتی فرو ریزد و بی‌هنجاری به‌عنوان یکی از پیامدهای آن بروز نماید..

پانزده. جمله‌های زیر از متن انتخاب شده است. آن را به زبان خود *بازنویسی کنید*. (اختیاری)

۱. جامعه‌پذیری از طریق صدور دستور و امر موجب پیدایی تخالف، تضاد و درنهایت شکاف نسلی است.

....

....

۲. منطق و درستی اندیشه مطمح نظر او نیست، تنها قدرت توجیه‌کنندهٔ درستی یا نادرستی هر اندیشه و عمل است.

....

....

۳. چنین انسان‌هایی نه شهروندانی مناسب هستند، نه بلوغ لازم برای ادارهٔ جامعه را احراز خواهند کرد.

....

....

۴. مهار غرایز، هدایت و کنترل آنان در درون خانواده و از طریق آن صورت می‌گیرد.

....

....

شانزده. مانند نمونه، ریشهٔ هر یک از کلمات را بیابید، و چند واژهٔ دیگر با این ریشه بنویسید. (اختیاری)

واژه	ریشه	مثال ۱	مثال ۲	مثال ۳
۱. کلمه	........ل..م...............	.... تکلم	.... کلام...........	.... کلیم ....
۲. عظیم	....	....	....	....
۳. تعبد	....	....	....	....
۴. اعتقاد	....	....	....	....
۵. مطرح	....	....	....	....
۶. فاصله	....	....	....	....
۷. منطقی	....	....	....	....
۸. بلوغ	....	....	....	....
۹. انتظار	....	....	....	....
۱۰. مشخص	....	....	....	....

هفده. جملات زیر در ادبیات رسمی کاربرد دارد. معنای عبارات پررنگ شده را بنویسید، و با هرکدام جمله بسازید. (اختیاری)

۱. یکی از عناصر بی‌کارکردی رقابتی‌شدن زن و مرد خواهد بود، که نتیجهٔ آن **هرز رفتن توان** اعضاست.

معنی "هرز رفتن توان چیزی"..

....

مثال:...

....

۲. نتایج به‌دست‌آمده **حاکی از آن است** که استفاده از توان نیروهای داخلی به تشویق بیشتری نیاز دارد.

معنی "حاکی از چیزی بودن"...

....

مثال:...

....

۳. **عدول از** اندیشه‌های بنیادی در موضوع دانش‌افزایی یکی از عوامل اصلی ناکارآمدی نظام‌های آموزشی است.

معنی "عدول از چیزی"..

....

مثال:...

....

هجده. متن زیر از قسمتی دیگر از مقالهٔ فوق انتخاب شده است. مانند نمونه، جاهای خالی را پرکنید. (اختیاری)

خانواده از جایگاه رفیعی در حیات اجتماعی...........**برخوردار......**است چراکه از یکسو نخستین گروهی است که از آن برمی خیزیم و در درون آن با دنیا (۱).................. می شویم و از سوی دیگر، بیشترین تأثیر بر کودک که دوران اولیه حیات را می گذراند وارد می سازد و این تأثیر تا پایان حیات پایایی دارد. سوم آنکه از روزنه حیات اجتماعی هرگز جامعه‌ای به سلامت (۲).................. نمی یابد مگر آنکه از خانواده هایی سالم برخوردار باشد. از جهت دیگر، ساختار قدرت محور خانواده مانع ارتقای کیفی نسل جدید خواهد بود. جامعه جدید با پشت (۳).................. گذاردن پدرسری و مادرسری مطلق و تاریخی، با مسائل تازه ای در این حوزه (۴).................. است؛ نفی مطلق قدرت در خانواده، به عنوان آنتی‌تز پدرسری و مادرسری مطمح نظر است ، این اندیشه که در نظر فمنیست های رادیکال مطرح شده است ، و با تولید نظریه زن-مرد یکسانی همراه است، فراهم‌آوردن نوع خاصی از خانواده را نوید (۵).................. که از آن با نام خانواده برابری یافته یاد می کنند.

نوزده. قسمت‌هایی را در متن بیابید که، به نظر شما، نویسنده از بی‌طرفی فاصله گرفته، و جانب‌دارانه به موضوع موردبحث پرداخته است. مختصراً بنویسید چگونه می‌توان موضوع را مورد کنکاش دوباره قرار داد. (اختیاری)

....

....

....

....

....

....

....

....

بیست. با مراجعه به سایر منابع و ادبیات تحقیق موجود، چه اطلاعات دیگری دربارهٔ موضوع قدرت در خانواده به‌دست می‌آورید؟ خلاصه‌ای از آن را بنویسید. (اختیاری)

....

....

....

....

....

....

....

....

درس شش
گردشگری

یک. در گروه‌های دو یا سه‌نفره، به پرسش‌های زیر پاسخ دهید.

۱. می‌دانید تصویر زیر متعلق به کجاست؟
۲. اگر قرار باشد به سفر بروید، ترجیح می‌دهید به کدام کشور بروید؟
۳. گردشگری گونه‌های متفاوتی دارد. برخی را نام ببرید.
۴. به نظر شما چه عواملی موجب رونق گردشگری می‌شود؟
۵. در کدام مقاصد گردشگری به زبان فارسی سخن می‌گویند؟

دو. پاراگراف نخست را بخوانید. در پژوهش‌های موجود، به چه زوایایی از گردشگری پراخته شده است؟
سه. کل متن را بخوانید. نویسنده تفاوت عمدهٔ پژوهش‌های داخلی و خارجی را در چه می‌داند؟

....

....

....

چالش‌های گردشگری

پژوهشهای مختلفی در خارج و در داخل ایران در خصوص صنعت گردشگری انجام شده است. پژوهشگران از زوایای مختلف صنعت گردشگری را مورد مطالعه قرار داده‌اند. محورهای عمده این تحقیقات رابطه گردشگری با توسعه، گردشگری و اشتغال، امکان‌سنجی توسعه گردشگری در عارضه های طبیعی (دریاچه، رودخانه، اشکال ژئومورفولوژیک و.......) یا مکانهای انسان ساخت (شهر، روستا، مراکز تاریخی و فرهنگی)، رابطه توسعه گردشگری با مدیریت، گردشگری و توسعه پایدار، ارائه الگوی توسعه گردشگری و....... می باشد. اما تعداد اندکی از آنها به بررسی موانع، چالشها، علل ناکامی و عدم توسعه صنعت گردشگری در کشورها یا جوامعی که دارای جاذبه‌های توریستی زیاد هستند، پرداخته اند. مهمترین پژوهشهای انجام شده مرتبط با موضوع تحقیق در خارج و داخل ایران موارد ذیل است:

کرک (۱۹۹۸)، به صنعت گردشگری در کشورهای سوسیالیستی اروپای شرقی توجه کرده است و معتقد است که (.....
....اول...
.................). توسان (۲۰۰۱)، چالشهای توسعه گردشگری پایدار در کشورهای جهان سوم را با تأکید بر کشور ترکیه بررسی کرده است و معتقد است که این کشورها برای رسیدن به توسعه پایدار گردشگری ، نیازمند حمایت و همکاری نهادها و سازمانهای بین المللی هستند. هندرسون (۲۰۰۲)، گردشگری و سیاستها در شبه جزیره کره را موضوع تحقیق خود قرار داده است. وی با مقایسه سیاستها و ایدئولوژی سیاسی دو کشور کره شمالی و کره جنوبی به این نتیجه رسیده است که کره جنوبی با ایدئولوژی سازگار با گردشگری بین‌المللی، گردشگر بیشتری نسبت به کره شمالی جذب کرده است. کیم و همکاران (۲۰۰۶) به گردشگری و ایدئولوژی سیاسی در کره شمالی پرداخته اند و معتقدند که ناکامی صنعت گردشگری در این کشور ناشی از ایدئولوژی سیاسی سوسیالیسم و نظام بسته سیاسی این کشور است. این در حالی است که (..دوم...) که تا ۶۰ سال پیش، یک کشور بوده اند. جونز (۲۰۱۰) ، موضوع پژوهش خود را تأثیر سیاستهای عربی بر گردشگری انتخاب کرده است و منطقه مورد مطالعه را کشور لیبی انتخاب کرده است و به این نتیجه رسیده است که تحریم لیبی و سیاستهای انزواطلبی این کشور باعث رکود صنعت گردشگری شده است.

ناصری (۱۳۷۵)، در پژوهشی با عنوان شناسایی موانع مؤثر توسعه صنعت جهانگردی ایران و طراحی الگوی تبیینی برای گسترش جذب توریست، به شناسایی موانع گردشگری پرداخته است. وی به این نتیجه رسیده است که تبلیغات سوء غیرواقع بینانه از ایران و عدم استفاده از شیوه های مناسب بازاریابی مهمترین موانع توسعه صنعت گردشگری در ایران بوده است. شجاعی و نوری (۱۳۸۶) به بررسی سیاستهای دولت بر صنعت گردشگری توجه کرده اند و معتقدند که در برنامه‌های دولت خلاء الگوی سیاستگذاری و عدم دیدگاه نظام‌مند و یکپارچه در حوزه گردشگری وجود دارد. رخشانی نسب و ضرابی (۱۳۸۸) درباره چالشها و فرصتهای توسعه اکوتوریسم (طبیعت گردی) در ایران تحقیق کرده اند. (..............................
....سوم...
.................). کمبود امنیت در مناطق دارای جاذبه‌های اکوتوریستی و ضعف امکانات زیربنایی مهمترین موانع اکوتوریسم ایران می‌دانند. نوبخت و پیروز (۱۳۸۷) و عباسی و همکاران (۱۳۹۱) به موانع یا چالشها و راهکارهای صنعت گردشگری در ایران پرداخته‌اند و بر عوامل اقتصادی و زیربنایی تأکید کرده اند. در هر دو تحقیق، عوامل سیاسی، حکومتی و ایدئولوژیک به عنوان یکی از مهمترین و زیربنایی ترین متغیرهای تأثیرگذار در صنعت گردشگری نادیده گرفته شده است.
(..چهارم...
.................). مدهوشی و ناصرپور (۱۳۸۲) در خصوص صنعت گردشگر در استان لرستان و ولی زاده (۱۳۸۵) درباره شهر تبریز تحقیق کرده اند. آنان علاوه بر ذکر برخی موانع ملی بر موانع

49 درس شش

محلی تأکید بیشتری دارند. توکلی و هدایتی (۱۳۸۷) چالشهای گردشگری در مناطق مرزی (سیستان) و کرمی دهکردی و همکاران (۱۳۹۱) موانع امنیتی توسعه گردشگری روستایی در چهارمحال و بختیاری و لطیفی و همکاران (۱۳۹۲) موانع مؤثر بر توسعه گردشگری در روستاهای همدان بررسی کرده اند. در دو تحقیق نخست، ضعف احساس امنیت و کمبود سرمایه گذاری و در تحقیق آخر کمبود امکانات رفاهی در مناطق مورد مطالعه را از مهمترین موانع توسعه گردشگری می دانند.

از تحقیقات فوق چنین بر می آید که در پژوهشهای خارجی، بر عوامل سیاسی و ایدئولوژیک تأکید زیادی شده است و بالعکس در تحقیقات داخلی از این عوامل غفلت شده است و عوامل دیگری نظیر عوامل امنیتی، اقتصادی و رفاهی را [؟] به عنوان مهمترین عوامل موانع توسعه گردشگری معرفی شده است. بر این اساس ضرورت انجام یک تحقیقی که بتواند سهم بیشتری از عوامل موانع توسعه گردشگری را تعیین و تبیین کند، احساس می شود. اما مهمترین و نزدیکترین تحقیق انجام شده نسبت به پژوهش حاضر، تحقیق محرابی و همکاران (۱۳۹۱) است. آنان مهمترین موانع توسعه صنعت گردشگری در ایران را عوامل زیربنایی، دولتی، فرهنگی، مدیریتی، سیاسی، انسانی و اقتصادی می دانند و معتقدند که عوامل زیربنایی بیشترین سهم و عوامل اقتصادی کمترین سهم را دارد.(.. . پنجم. ....). به گونه ای که تفاوت میان متغیرهای سیاسی، دولتی، مدیریتی و انسانی مشخص نیست. بر اساس گزارش این تحقیق، همه عوامل مؤثر بر صنعت گردشگری ایران، انسانی هستند. لذا وجود یک عامل انسانی در میان سایر عوامل گمراه کننده است.

منبع: ویسی، ه. و مهماندوست، خ. (۱۳۹۴). بررسی موانع توسعه گردشگری بین المللی در ایران با تاکید بر گردشگری ورودی. *ژئوپلیتیک*، ۳۷(۱۱)، ۱۳۵-۱۵۶.

چهار. معنی هر یک از لغت‌های زیر را با توجه به متن بنویسید.

۱. در خصوص...
۲. محور...
۳. عارضه ....
۴. رکود...
۵. تبیینی...
۶. یکپارچه...
۷. انزواطلبی ....
۸. بالعکس ....
۹. غفلت ....
۱۰. لذا ....

پنج. ابتدا جمع یا مفرد بودن هر یک از کلمات زیر را معین کنید؛ سپس شکل جمع یا مفرد آن را بنویسید.

۱. صنعت...
۲. زوایا...
۳. علل ....
۴. ضعف ....
۵. توریست...
۶. کمبود...
۷. احساس ....
۸. عوامل...
۹. سهم...
۱۰. سایر ....

شش. کلماتی را در متن بیابید که هم‌معنای عبارات زیر باشند.

۱. بررسی شرایط کار....................................
۲. زمین‌ریخت‌شناسی....................................
۳. ثابت؛ استوار...
۶. بایکوت؛ منع ....
۷. خیالی؛ واهی...
۸. زیرساختی..

۴. ناامیدی؛ حرمان	۹. آسایندهها ....

۵. نظام تمامیتخواه..................................	۱۰. بایستگی؛ نیاز ....

هفت. با توجه به متن، مشخص کنید هر یک از جملات زیر، درست است **(د)**، نادرست است **(ن)**، یا اشاره نشده است **(ا)**.

۱. پژوهشهای بسیاری دربارهٔ علل عدم استقبال گردشگران از کشورهای با جاذبهٔ گردشگری انجام شده است....................
۲. سیاستهای اقتصادی درازمدت در دو کره تأثیر چشمگیری بر جذب گردشگر داشته است....................
۳. حوزهٔ توجه پژوهشهای داخلی و خارجی به عوامل عدم استقبال گردشگر متفاوت بوده است....................

هشت. با توجه به متن، به هر یک از پرسشهای زیر بهطور مختصر پاسخ دهید.

۱. بیشتر پژوهشهای انجام شده پیرامون گردشگری به چه مسائلی پرداخته است؟

....

....

....

۲. توسان پس از بررسی موردی کشور ترکیه به چه نتیجهای دست یافته است؟

....

....

....

۳. چه عللی مانع از گسترش اکوتوریسم در ایران بوده است؟

....

....

....

۴. چه تفاوتی میان رویکرد پژوهشهای داخلی و خارجی وجود داشته است؟

....

....

....

نه. هر یک از جملات ذیل مربوط به یکی از نقطهچینهای درون متن است. آن را در جای مناسب خود بنویسید. یکی از جملات اضافی است.

۱. آنان بهدنبال شناخت موانع مؤثر در جذب طبیعتگرد و ارائه راهکارهای مناسب برای توسعه اکوتوریسم بودهاند.
۲. ایدئولوژی بسته سوسیالیستی نقش مؤثری در عدم توسعه صنعت گردشگری در این کشورها داشته است.
۳. چه بسا هر کدام از این کشورها سیاستهای بلندمدت خود را اعمال کنند.
۴. در این پژوهش، متغیرهای تحقیق بهخوبی شناسایی نشده است.
۵. هر دو کشور دارای تاریخ، فرهنگ و طبیعت یکسان میباشند.
۶. برخی تحقیقات در خصوص موانع پیش روی صنعت گردشگری در ایران در مقیاسهای محلی انجام شده است.

ده. شکل مناسب کلمات داخل پرانتز را در جای خالی بنویسید. شمارهٔ یک به‌عنوان نمونه پاسخ داده شده است.

۱. مسئلهٔ..........*اشتغال*..........جوانان یکی از مهم‌ترین چالش‌های پیش روی دولت است. (شغل)
۲. فنون و شیوه‌های.............................. را از طریق کلاس‌های مختلف می‌توان فراگرفت. (بازار)
۳. اتخاذ.......................... مناسب یکی از ضروریات مدیریت بحران است. (راه)
۴. یکی از مهمترین و........................... عوامل توسعه آموزش است. (زیربنا)
۵. بسیاری از.............................. خارجی نیازمند امنیت مالی در کشورهای هدف خود هستند. (سرمایه)

یازده. کلمات را به فعل مربوط وصل کنید و معنی آن را بنویسید. بیش از یک پاسخ می‌تواند درست باشد. (اختیاری)

۱. متوجه	الف رسیدن	....
۲. مهیّا	ب ورزیدن	....
۳. امکان	ج نمودن	....
۴. به نتیجه	د گرفتن	....
۵. تأکید	ه ساختن	....
۶. نادیده	و زدن	....
۷. تبیین	ز آمدن	....
۸. مرتبط	ح آوردن	....
۹. پدید	ط دادن	....
۱۰. بر مَلا	ی داشتن	....

دوازده. هر یک از عبارات مشخص شده را به زبان خود شرح دهید. (اختیاری)

۱. این ناکامی ناشی از ایدئولوژی بستهٔ سیاسی در این کشور است.
۲. وی به شناسایی موانع گردشگری پرداخته است.
۳. از تحقیقات این چنین برمی‌آید که عمدهٔ این دلایل رویکردهای غیر داخلی است.
۴. در پژوهش‌های داخلی از این عوامل غفلت شده است.
۵. این موارد سهم مؤثرتری در سرانهٔ ملی ایفا می‌کند.

سیزده. بدون مراجعه به متن و با توجه به معنی جمله، حرف اضافهٔ مناسب را انتخاب کنید. شاید بیش از یک پاسخ صحیح باشد. (اختیاری)

برای - با - در - از - بر - به

۱. .... رسیدن به موفقیت تلاش بسیاری لازم است.
۲. موضوعات مرتبط.................. رسالهٔ ایشان بسیار اندک است.
۳. نسبت.................. سال گذشته، پیشرفت این سازمان قابل توجه است.
۴. در این کتاب، مهمترین موانع توسعهٔ صنعت گردشگری.................. ایران بیان شده است.
۵. .... خصوص فرمایش پیشین جنابعالی، مطالبی را توضیح خواهم داد.

درس شش   52

چهارده. با مراجعه به متن، مشخص کنید هر یک از کلمات زیر، به کدام اسم یا اسامی قبل یا بعد خود معطوف می‌شود. (اختیاری)

۱. ما تعداد اندکی از آنها به بررسی موانع ، چالشها، علل ناکامی و عدم توسعه صنعت گردشگری در کشورها یا جوامعی که دارای جاذبه های توریستی زیاد هستند، پرداخته‌اند..

۲. جونز منطقه مـورد مطالعه را کشور لیبی انتخاب کرده است و به این نتیجه رسیده است که تحریم لیبی و سیاستهای انزواطلبی این کشور بـاعث رکود صنعت گردشگری شده است...

۳. از تحقیقات فوق چنین بر می آید که در پژوهشهای خارجی، بر عوامل سیاسی و ایدئولوژیک تأکید زیادی شده است و بالعکس در تحقیقات داخلی از این عوامل غفلت شده است...

پانزده. جمله‌های زیر از متن انتخاب شده است. آن را به زبان خود بازنویسی کنید. (اختیاری)

۱. تبلیغات سوء غیرواقع‌بینانه از ایران و عدم استفاده از شیوه‌های مناسب بازاریابی مهمترین موانع توسعه صنعت گردشگری در ایران بوده است.

....

....

۲. دربرنامه‌های دولت خلاء الگوی سیاستگذاری و عدم دیدگاه نظام‌مند و یکپارچه در حوزه گردشگری وجود دارد.

....

....

۳. ضرورت انجام تحقیقی که بتواند سهم بیشتری از عوامل موانع توسعه گردشگری را تعیین و تبیین کند، احساس می‌شود.

....

....

۴. بر اساس گـزارش این تحقیق، همه عوامل مؤثر بر صنعت گردشگری ایران، انسانی هستند.

....

....

شانزده. مانند نمونه، ریشهٔ هر یک از کلمات را بیابید، و چند واژهٔ دیگر با این ریشه بنویسید. (اختیاری)

واژه	ریشه	مثال ۱	مثال ۲	مثال ۳
۱. کلمه	ک.ل.م........	.... تکلم	.... کلام	.... کلیم
۲. خارج				
۳. طبیعی				
۴. موانع				
۵. جاذبه				
۶. تحقق				
۷. امنیت				

واژه	ریشه	مثال ۱	مثال ۲	مثال ۳
۸. متغیر	....	....	....	....
۹. معرفی	....	....	....	....
۱۰. ورود	....	....	....	....

هفده. جملات زیر در ادبیات رسمی کاربرد دارد. معنای عبارات پررنگ شده را بنویسید، و با هرکدام جمله بسازید. (اختیاری)

۱. اثر پیش رو، یکی از تألیفات **منحصربه فرد ایشان است.**

معنی "منحصربه فرد بودن"..

....

مثال:..

....

۲. عنایت نویسندگان به مقولهٔ علم‌سنجی **شایان توجه است.**

معنی "شایان توجه بودن"..

....

مثال:..

....

۳. کارگردان بر آن بوده تا تصویری **خالی از کاستی** از ایران معاصر ارائه نماید.

معنی "خالی از کاستی بودن"..

....

مثال:..

....

هجده. متن زیر از قسمتی دیگر از مقالهٔ فوق انتخاب شده است. مانند نمونه، جاهای خالی را پرکنید. (اختیاری)

ایران یکی از کشورهای مهم جهانی ازنظر تنوع و تعدد جاذبه های..........**گردشگری......**.......است. به گونه‌ای که برخی منابع، ایران را جزء ۱۰ کشور برتر دنیا می دانند (Sadeghi, ۲۰۰۷ : ۴۵۵). جاذبه های فراوان تاریخی، فرهنگی، مذهبی، شهری، روستایی، ساحلی، کوهستانی، همراه با تنوع اقلیمی و مهمان نوازی ایرانیان، این (۱)................. را در وضعیت مناسبی برای جذب سهم عمده‌ای از گردشگران بین المللی (۲)................. داده است. اما آمارهای موجود در خصوص ورود گردشگران بین المللی به ایران و (۳)................. ارزی حاصل از آن این وضعیت را تائید نمی کنند. به راستی (۴)................. چنین است؟ چرا ایران به عنوان کشوری با جاذبه‌های متعدد طبیعی و تاریخی-فرهنگی سهم قابل (۵)................. در جذب گردشگر بین المللی ندارد؟ عوامل مؤثر بر عدم توسعه صنعت گردشگری ایران چیست؟ این تحقیق به دنبال پاسخ به این مسئله است.

درس شش **54**

نوزده. قسمت‌هایی را در متن بیابید که، به نظر شما، نویسندگان از بی‌طرفی فاصله گرفته، و جانبدارانه به موضوع موردبحث پرداخته‌اند. مختصراً بنویسید چگونه می‌توان موضوع را مورد کنکاش دوباره قرار داد. (اختیاری)

....

....

....

....

....

....

بیست. با مراجعه به سایر منابع و ادبیات تحقیق موجود، چه اطلاعات دیگری دربارهٔ موضوع گردشگری در ایران به‌دست می‌آورید؟ خلاصه ای از آن را بنویسید. (اختیاری)

....

....

....

....

....

....

درس هفت

اقتصاد

یک. در گروه‌های دو یا سه‌نفره، به پرسش‌های زیر پاسخ دهید.

۱. چه میزان با مدل‌های مختلف اقتصادی آشنایی دارید؟
۲. به نظر شما رابطهٔ میان اقتصاد و اخلاق چیست؟
۳. آیا می‌شود الگوهای یکسان اقتصادی را در کشورهای مختلف دنیا پیاده کرد؟
۴. از اقتصاد ایران چه می‌دانید؟
۵. تصویر زیر را چگونه تفسیر می‌کنید؟

دو. قسمت نخست متن را به‌سرعت بخوانید. مقصود از مطلوبیت‌گرایی چیست؟
سه. کل متن را بخوانید. نام متفکرانی که نویسنده در مقولهٔ اخلاق به آنان استناد کرده است را بنویسید.

....

....

....

اخلاق و اقتصاد

اخلاق یک هنجار اجتماعی است که رفتار افراد و نیز ساختار جامعه را تنظیم می کند. (..اول...). به باور داگلاس نورث (۱۳۸۵)، نهادها محدودیت‌های به ارث رسیده‌ای هستند که روابط متقابل ساختار سیاسی ، اقتصادی و اجتماعی را دربر می‌گیرند. این نهادها محدودیت‌های غیررسمی (مانند: محدوده‌ها، تابوها ، سنت‌ها و قوانین رفتاری) و نیز محدودیت‌های رسمی (ساختارها، قوانین، حقوق معین) را شامل می شوند.

بر اساس این رویکردها ، سه نظریهٔ اخلاق در سه سطح متفاوت وجود دارد که عبارتند از: نظریهٔ اخلاق مطلوبیت‌محور برای کنش‌های فردی، نظریهٔ اخلاق حق محور برای حق بودن قواعد و قوانین و نظریهٔ قابلیت محور برای جوهرهٔ فرد.

نظریهٔ مطلوبیت‌محور به دنبال حداکثر کردن مطلوبیت فردی است و توجهی به نهادهای اجتماعی و سرشت فردی ندارد. مطلوبیت‌گرایی در معنای کلی آن به افراد اجازه می دهد تا انتخاب های اخلاقی خاص خود را به عمل آورند. هی وود (۱۳۸۳) انواع نظریه های مطلوبیت گرایی را به چهار دسته تقسیم می کند:

۱ .*مطلوبیت‌گرایی کلاسیک* که فایده گرایی عملی است. بدین معنا که عملی را درست می داند که نتیجهٔ آن دست کم به اندازهٔ هر عمل دیگری، لذت بیشتری را به وجود آورد.
۲ .*مطلوبیت‌گرایی مبتنی بر قاعده*، قاعده یا عملی را درست می داند که بیشترین خیر عمومی را برای افراد فراهم می کند.
۳ .*مطلوبیت‌گرایی تعمیم‌ساز*، درستی عمل را نه بر حسب نتایج خاص آن بلکه بر پایهٔ آنکه آن عمل به طور همه شمول انجام شده باشد ، مورد قضاوت قرار می دهد.
۴ .*مطلوبیت‌گرایی انگیزه‌ای* که به جای تأکید بر نتایج عمل، بر نیت کنشگر تأکید دارد.

مکی (۱۳۸۶) تمایز بنیادینی میان دیدگاه‌های مطلوبیت‌گرا و طرفداران حقوق فردی قائل است. به باور وی، مطلوبیت‌گرایان در نظریه‌های بنیادین خود، منافع یا ترجیحات همهٔ افراد را با یکدیگر جمع می کنند ولی طرفداران حقوق فردی به طور کامل بر جدایی افراد اصرار دارند. در واقع، "مطلوبیت‌گرایان علت و توجیه نهایی هر الزام اخلاقی را در رابطه با چیزی می یابند که نمایندهٔ اهداف مشترک همهٔ افراد است" (مکی، ۱۳۸۶: ۲۸۴).

جوردن (۲۰۰۸) نشان می دهد که در مدل های اقتصادی ، ارتباط محکمی میان رفاه مبتنی بر مطلوبیت و تعادل میان کارایی و عدالت وجود دارد که (..دوم.............. ....).

نظریهٔ حق محور بر اولویت داشتن حق نسبت به استعداد فردی در چارچوب نهادی تأکید می کند و به دنبال ایجاد شرایط منصفانه در جامعه است.

رالز (۱۳۸۳) انصاف را به عنوان یک تعهد نامشروط در جهت ارتقای خیر عمومی مطرح می کند. (.. .... سوم..). رالز (۱۳۸۸) بر این باور است که برای حفظ آزادی و شأن انسان، حق جدای از خیر یا نتایجی که در پی دارد، ارزشمند است. بر این اساس می توان گفت که رالز از منظر حق به اخلاق می نگرد و از این رو، نظریهٔ عدالت نظریه‌ای اخلاقی است. این نظریه با پذیرش ضرورت تأمین کالاهای اولیه برای همگان، به دنبال فراهم آوردن شرایطی است که شهروندان بتوانند راهی برای استفادهٔ معقول از آزادی‌های اساسی خویش بیابند. رالز در جستجوی مناسب ترین تلقی اخلاقی از عدالت برای به‌کارگیری در یک جامعهٔ دموکراتیک است. به تعبیر دورکین، "رالز درصدد ایجاد مدلی برساختی متأثر از کانت در راستای ایجاد رویه‌ای برای ساختارهای جامعه است. مدلی که

57 درس هفت

بیشتر در جهت توسعهٔ نظریه‌ای در مورد جامعه است نه افراد" (Dworkin, ۱۹۷۳ : ۳۳). در این راستا، عدالت موضوع توافق اولیهٔ افراد است. شرایطی که رالز وضعیت اولیه می نامد، شرایطی فرضی است که در آن همهٔ افراد در نقطهٔ صفر قرار دارند. به عبارت دیگر، در وضعیت اولیه شرایط یکسان و منصفانه‌ای برای همهٔ افراد جهت تصمیم‌گیری دربارهٔ اصول اولیهٔ عدالت فراهم است. وی، معتقد است که برای این نهادها و ساختارهای اساسی جامعه عادلانه باشند (...چهارم.......................................) و توافق‌هایی که در این وضعیت صورت می گیرد، می تواند مرجعی برای برطرف کردن مشکلات آتی باشد. رالز (۱۳۸۸) برای تبدیل داوری‌ها و توافق‌ها به اصول مشترک، فرایند تعادل بازتابی را مطرح می کند که عبارت از وضعیتی است که افراد از طریق گفتگو و چانه‌زنی، امکان رسیدن به نقطهٔ تعادل جدید به عنوان اصل مشترک را فراهم می کنند. این فرایند در واقع همسازکردن شرایط و آرای اولیه در باب عدالت است که نوعی ثبات را به وجود می آورد. بر این اساس، محتوای عدالت اجتماعی از طریق یک قرارداد و توافق اجتماعی در وضعیتی خاص قابل تشخیص است. (.......... پنجم...). در این نظریه، قرارداد اجتماعی مبتنی بر عدالت بر حق طبیعی اولویت دارد و معیار مشروعیت قوانین است زیرا، انسان‌ها به عنوان فردیت‌های عاقل در شرایطی منصفانه آن را وضع کرده اند.

در نظریه‌های اخلاقی مطلوبیت محور و حق محور ، دولت نباید در شکل دادن به تمایلات و اولویت‌های افراد مداخله کند، زیرا این نظریه‌ها فرض می کنند که افراد بهترین قضاوت را در خصوص سبک زندگی شان دارند.

منبع: وصالی، س. و امیدی، ر. (۱۳۹۱). رابطهٔ اخلاق، اقتصاد و رفاه اجتماعی. *برنامه ریزی رفاه و توسعه اجتماعی* ۱۲ (۰)، ۷۹-۱۰۴.

چهار. معنی هر یک از لغت‌های زیر را با توجه به متن بنویسید.

۱. تقابل...
۲. جوهره...
۳. مطلوبیت...
۴. همه‌شمول...
۵. ترجیح...
۶. منظر...
۷. رویه ....
۸. چانه‌زنی...
۹. فردیت...
۱۰. مداخله ....

پنج. ابتدا جمع یا مفرد بودن هر یک از کلمات زیر را معین کنید؛ سپس شکل جمع یا مفرد آن را بنویسید.

۱. ساختار ....
۲. سطح ....
۳. معنا ....
۴. عمل...
۵. همگان ....
۶. توافق ....
۷. آراء ....
۸. دولت ....
۹. ارتباط...
۱۰. باب...

شش. کلماتی را در متن بیابید که هم‌معنای عبارات زیر باشند.

۱. ممنوع عرفی یا شرعی.......................................
۲. آفرینش؛ نهاد.......................................
۳. عمومیت دادن ....
۶. منزلت؛ بزرگی ....
۷. بدون قید و شرط ....
۸. بخردانه؛ مناسب.......................................

۴. فعّال .... ۹. هماهنگ؛ موافق.........................

۵. براساس؛ بر پایهٔ .... ۱۰. اثرپذیرفته ....

هفت. با توجه به متن، مشخص کنید هر یک از جملات زیر، درست است (**د**)، نادرست است (**ن**)، یا اشاره نشده است (**ا**).

۱. نظریه‌های مختلف اخلاق، همه در یک سطح قرار می‌گیرند................................

۲. در مطلوبیت‌گرایی کلاسیک و مطلوبیت‌گرایی تعمیم‌ساز، توجه فرد معطوف به نتیجه است..................

۳. در دیدگاه رالز، انصاف یک تعهد نامشروط است..................

هشت. با توجه به متن، به هر یک از پرسش‌های زیر به طور مختصر پاسخ دهید.

۱. نهادها چه محدودیت‌هایی را شامل می‌شوند؟

....

....

....

۲. نظریهٔ حق‌محور در پی چه چیزی است؟

....

....

....

۳. مقصود رالز از شرایط اولیه چیست؟

....

....

....

۴. فرایند تعادل بازتابی را توضیح دهید.

....

....

....

نه. هر یک از جملات ذیل مربوط به یکی از نقطه‌چین‌های درون متن است. آن را در جای مناسب خود بنویسید. یکی از جملات اضافی است.

۱. اخلاق، حقوق و سنت‌ها، شکل‌دهندهٔ هنجارهای اجتماعی هستند و در حکم نهادهای اجتماعی عمل می‌کنند.

۲. البته اگر بتوان پذیرفت این الگوی اخلاقی در تفسیرهای نوین گنجانده نمی‌شود.

۳. ضروری است که از ابتدا، امکان عادلانه بودن فراهم شود.

۴. او معتقد است که رویکرد مطلوبیت‌گرا با تأکید بر خیر، حق را نادیده می‌گیرد.

۵. به طورکلی، رالز تفسیری جدید از نظریهٔ قرارداد اجتماعی را با تأکید بر عدالت ارائه می‌دهد.

۶. بازتوزیع بیشتر درآمد و کار، افزایش رقابت در بخش عمومی و افزایش تحرک در جامعهٔ مدنی را به همراه دارد.

59 درس هفت

ده. شکل مناسب کلمات داخل پرانتز را در جای خالی بنویسید. شمارهٔ یک به‌عنوان نمونه پاسخ داده شده است.

۱. اگر مقالهٔ خود را آماده نکرده بودید، ....دست کم..........باید از قبل اطلاع می دادید. (دست)
۲. برخی از.............................. اخلاقی را نمی توان از طریق سازوکارهای دستوری ترویج نمود. (لازم)
۳. برخورد.............................. با ارباب رجوع تأثیر زیادی در شکل‌گیری ذهنیت ایشان دارد. (انصاف)
۴. .... دربارهٔ نشر یک کتاب، گاهی بیش از یک سال زمان می برد. (تصمیم)
۵. نمی توان.............................. افراد را به آسانی دستخوش تغییر نمود. (مایل)

یازده. کلمات را به فعل مربوط وصل کنید و معنی آن را بنویسید. بیش از یک پاسخ می‌تواند درست باشد. (اختیاری)

۱. به ارث — الف رسیدن ....
۲. در بر — ب آوردن ....
۳. اجازه — ج دانستن ....
۴. به عمل — د کردن ....
۵. درست — ه خوردن ....
۶. به وجود — و گرفتن ....
۷. به مراه — ز کشتن ....
۸. فراهم — ح کشیدن ....
۹. مداخله — ط داشتن ....
۱۰. فرض — ی دادن ....

دوازده. هر یک از عبارات مشخص‌شده را به زبان خود شرح دهید. (اختیاری)

۱. لازم است میان بازیگران منطقه‌ای و بازیگران فراملی تمایز قائل شد.
۲. رالز از منظر حق به اخلاق می‌نگرد.
۳. پژوهش‌های فارسی پیرامون حقوق زبان های بومی در نقطهٔ صفر قرار دارد.
۴. نظریات ایشان می‌تواند مرجعی برای برطرف کردن مشکلاتی آتی باشد.
۵. این محصولات مورد پسند بسیاری از مشتریان واقع خواهد شد.

سیزده. بدون مراجعه به متن و با توجه به معنی جمله، حرف اضافهٔ مناسب را انتخاب کنید. شاید بیش از یک پاسخ صحیح باشد. (اختیاری)

برای - با - در - از - بر - به

۱. وی انواع نظریه‌های مطلوبیت‌گرایی را.................. چهار دسته تقسیم می‌کند.
۲. .... حسب نتایج به دست آمده، مقالهٔ برتر به استان خراسان تعلق دارد.
۳. مطلوبیت‌گرایان در نظریه‌های بنیادین خود، منافع همهٔ افراد را.................. یکدیگر جمع می‌کنند.
۴. شهروندان باید بتوانند راهی.................. برای استفادهٔ معقول از آزادی‌های اساسی خویش بیابند.
۵. محتوای عدالت اجتماعی.................. طریق یک قرارداد و توافق اجتماعی در وضعیتی خاص قابل تشخیص است.

چهارده. با مراجعه به متن، مشخص کنید هر یک از کلمات زیر، به کدام اسم یا اسامی قبل یا بعد خود معطوف می‌شود. (اختیاری)

۱. *مطلوبیت‌گرایی کلاسیک* که فایده‌گرایی عملی است. بدین معنا که عملی را درست می‌داند که نتیجهٔ آن دست کم به اندازهٔ هر عمل دیگری، لذت بیشتری را به وجود آورد............................

۲. شرایطی که رالز وضعیت اولیه می‌نامد، شرایطی فرضی است که در آن همهٔ افراد در نقطهٔ صفر قرار دارند ....

۳. قرارداد اجتماعی مبتنی بر عدالت بر حق طبیعی اولویت دارد و معیار مشروعیت قوانین است زیرا، انسان‌ها به عنوان فردیت‌های عاقل در شرایطی منصفانه آن را وضع کرده‌اند............................

پانزده. جمله‌های زیر از متن انتخاب شده است. آن را به زبان خود بازنویسی کنید. (اختیاری)

۱. نهادها محدودیت‌ های به ارث رسیده‌ای هستند که روابط متقابل ساختار سیاسی ، اقتصادی و اجتماعی را دربر می‌گیرند.

....

....

۲. مطلوبیت‌گرایان در نظریه‌های بنیادین خود، منافع یا ترجیحات همهٔ افراد را با یکدیگر جمع می‌کنند.

....

....

۳. در مدل‌های اقتصادی، ارتباط محکمی میان رفاه مبتنی بر مطلوبیت و تعادل میان کارایی و عدالت وجود دارد.

....

....

۴. رالز در جستجوی مناسب ترین تلقی اخلاقی از عدالت برای به‌کارگیری در یک جامعهٔ دموکراتیک است.

....

....

شانزده. مانند نمونه، ریشهٔ هر یک از کلمات را بیابید، و چند واژهٔ دیگر با این ریشه بنویسید. (اختیاری)

واژه	ریشه	مثال ۱	مثال ۲	مثال ۳
۱. کلمه	ک..ل..م............	تکلم............	کلام............	کلیم............
۲. تنظیم	....	....	....	....
۳. رسمی	....	....	....	....
۴. قوانین	....	....	....	....
۵. نظریه	....	....	....	....
۶. اکثر	....	....	....	....

واژه	ریشه	مثال ۱	مثال ۲	مثال ۳
۷. ترجیح	....	....	....	....
۸. مشترک	....	....	....	....
۹. تعادل	....	....	....	....
۱۰. حفظ	....	....	....	....

هفده. جملات زیر در ادبیات رسمی کاربرد دارد. معنای عبارات پررنگ شده را بنویسید، و با هرکدام جمله بسازید. (اختیاری)

۱. وی سه حوزهٔ حق، فضیلت و فایده‌مندی یا خیر را در دو دایرهٔ ذاتی و انسان‌گرایی اجتماعی **محاط می‌داند**.

معنی "محاط دانستن"...

....

مثال:...

....

۲. **نقطهٔ تلاقی** این دو دنیا در حوزهٔ فایده‌مندی است.

معنی "نقطهٔ تلاقی دو چیز"...

....

مثال:...

....

۳. به‌کارگیری اخلاقیات می‌تواند به اقتصاددانان در **اتخاذ تدابیر** بهره ورانه‌تر در حوزه‌های سیاستگذاری کمک کند.

معنی "اتخاذ تدابیر"...

....

مثال:...

....

هجده. متن زیر از قسمتی دیگر از مقالهٔ فوق انتخاب شده است. مانند نمونه، جاهای خالی را پرکنید. (اختیاری)

نظریهٔ *قابلیت* محور به طبیعت و سرشت ....**انسانی**.......توجه دارد و از موضعی نقادانه کیفیت تمایلات فردی را براساس زندگی متعالی و قاعدهٔ عدالت مورد سنجش قرار می دهد. این (۱)................، توسعهٔ قابلیت‌های انسانی، خودتحققی، کمال فردی و اجتماعی و فضیلت را توصیه می کند. بر اساس این نظریه، فضایل فطری مواردی (۲)................ خیرخواهی، صداقت، عظمت روح، توانایی های ذاتی همچون دوراندیشی، صبر و اعتدال و...... را شامل می شود. به تعبیر مکینتایر (۱۳۷۷) این فضایل اوصافی هستند که هر (۳)................ با آن ها مواجه شویم به دلیل سرشت ذات ما انسان‌ها، بی‌درنگ مورد (۴)................ واقع می شوند. این نظریه به جای تأکید بر فعل اخلاقی به فاعل اخلاقی (۵)................ دارد و در آن منش اخلاقی، انگیزه‌ها و ملکات فاضله، اساسی‌ترین محور سنجش اخلاقی به شمار می آیند.

نوزده. قسمت‌هایی را در متن بیابید که، به نظر شما، نویسندگان از بی‌طرفی فاصله گرفته، و جانبدارانه به موضوع مورد بحث پرداخته‌اند. مختصراً بنویسید چگونه می‌توان موضوع را مورد کنکاش دوباره قرار داد. (اختیاری)

....

....

....

....

....

....

....

بیست. با مراجعه به سایر منابع و ادبیات تحقیق موجود، چه اطلاعات دیگری دربارۀ موضوع اقتصاد ایران به‌دست می‌آورید؟ خلاصه‌ای از آن را بنویسید. (اختیاری)

....

....

....

....

....

....

....

درس هشت

قدرت

یک. در گروه‌های دو یا سه‌نفره، به پرسش‌های زیر پاسخ دهید.

۱. راجع به قدرت و تعریف آن چه می‌دانید؟
۲. به نظر شما قدرتمند چه کسی است؟
۳. آیا بین قدرت و اقتصاد رابطه‌ای وجود دارد؟
۴. قدرت چگونه توزیع می‌شود؟
۵. اگر شما از صاحبان قدرت بودید، چه می‌کردید؟

دو. قسمت نخست متن را به‌سرعت بخوانید. منظور فوکو از "حکومت‌مندی" چیست؟
سه. سه ابداعی را که فوکو در صورت‌بندی مفهوم قدرت به‌کار برده است را به‌طور خلاصه بنویسید.

....

....

....

تصور پسافوکویی از قدرت

کاربرد مفهوم "حکومت‌مندی" (Governmentality) از سوی فوکو جهت نشان‌دادن این نکته است که شکل مدرن قدرت در چارچوب دولت در قالب نهادها، دانش ها و کنش‌های انضباطی به صورتی انضمامی موجودیت می یابد و اعمال قدرت مرتبط با فرماسیون اقتصاد سیاسی، دیپلماتیک و تکنیک‌های نظامی و مفهوم قرن هیجدهمی سیاستگذاری است (Mison, ۱۹۸۰:۵). هرچند فوکو با بهره‌گیری از مفهوم حکومت‌مندی و بسط مفهوم قدرت و ارائه تصوری شبکه ای (hybridize) از آن که در متن همه روابط و تعاملات انسانی حاضر قلمداد می شود ، خود را در معرض این اتهام قرار داده است که تصورش از قدرت آنقدر گسترده است که عملا آنرا بی محتوا می سازد. هرچند باید به خاطر داشت (.................. ....اول.......................................) که در آنها روندهای دموکراتیک به نحوی اساسی تحقق یافته است و ساختار متمرکز قدرت دولتی تضعیف شده است. در این حالت ، قدرت دیگر بر خلاف تصور سنتی، "سخنرانی عرضه شده از فراز کرسی نیست ، بلکه مجموعه ای از گزاره هاست که به گونه ای مستقل در تمامی نهادها تولید می شود و به میزانی که کمتر دست به دامن ارادهٔ عالیه شود و بیشتر در گرو مشاهده عینی و بلکه علم باشد ، نافذتر قلمداد می شود (Foucault, ۱۹۷۸:۱۳۹-۱۴۲).

به رغم نقد دیدگاه دولت‌محور از قدرت در دیدگاه فوکو، واقعیت این است که دولت همچنان جایگاه محوری خود را حفظ کرده و نقش محوری در مشروعیت سیاسی در مدرنیته متأخر دارد. نادیده گرفتن حق انحصاری قدرت دولت و ظرفیت و حق آن برای عمل به عنوان تنها کانون مشروع اقدام و عمل سیاسی به معنای چشم‌پوشی از واقعیتی آشکار است. عنصر مشروعیت از آنجا در تحلیل فوکو وارد نشده است که او عقلانیت سیاسی را نه امری ذاتی و یا پیشینی، بلکه امری تحققی و فرایندی در چارچوب خود مشروعیت‌بخشی قدرت قلمداد می کند که ممکن است برای سنجش الگوهای مشروع قدرت و تحلیل چگونگی تحول در میزان مشروعیت قدرت چندان کارساز نباشد. (..دوم... ....) توجه صرف به قدرت در چارچوب داخلی آن و نادیده‌گرفتن مؤلفه‌های بین‌المللی نظیر نقش قدرت های بین المللی، جمعیت های فراملی، سازمانهای بین‌المللی به خصوص فرایندهای ناشی از جهانی‌شدن است. "نانسی فراسر" در مقاله ای با عنوان "دیدگاه فوکو درباره قدرت مدرن: بینش تجربی و آشفتگی هنجاری" به نقد برخی مسائل می پردازد. فراسر ابتدا با اتخاذ نگرشی همدلانه درباره روش تبارشناسی فوکو ، نشان می دهد که او چگونه درصدد طبقه‌بندی پرسش‌هایی در رابطه با مشروعیت یا اعتبار هنجاری بوده و اینکه چگونه تصوری بدیع از قدرت به خصوص در رابطه با قدرت مشرف بر حیات ارائه کرده است. اما مشکلی که او مطرح می کند این است که چگونه می توانیم تلاش فوکو برای تحلیل تجربی و توصیفی قدرت را با ابهامات مربوط به "مبانی هنجاری" سازش دهیم؟ چرا فوکو تمایزی میان مفاهیم اقتدار، زور، خشونت، استیلا و مشروعیت قائل نمی شود و همه را ذیل مفهوم فراگیر قدرت می آورد؟ چرا در دیدگاه فوکو که هیچ تعریفی [از] واژه مقاومت نمی شود، مقاومت بر اطاعت اولویت دارد؟ در غیاب معیارهای هنجاری، چرا باید در برابر سلطه مقاومت کرد؟ نتیجه‌گیری فراسر پس از ارائه چندین پیش‌بینی ناموفق برای حل این تنش، این است که فوکو در میان دو موضع نسبتا نارسا در نوسان است :"از یک طرف، او مفهومی از قدرت را می پذیرد که به او اجازه می دهد هیچکدام از وجوه قابل اعتراض مدرنیته را تقبیح نکند. اما در همان هنگام و از طرف دیگر سخنان مأیوس‌کننده او ما را متقاعد می سازد که اساسا مدرنیته فاقد هیچگونه وجه نجات‌بخشی است (Fraser, ۱۹۹۴:۱۴۴). مع هذا، تحلیل غنی فوکو از قدرت در قالب توجه به گفتمان، رژیم‌های حقیقت، عقلانیت سیاسی و فرمول‌بندی خاص این مفاهیم در قالب حکومت‌مندی، چارچوبی پسا مارکسیستی را برای مفصل بندی اهمیت دانش و حقیقت فراهم کرد. این تحلیل از یک سو (.. .... سوم............................) و از سوی

65 درس هشت

دیگر با سنت‌های لیبرال و هگلی که برای ایدئولوژی سیاسی ارزشی حقیقی قائل بود، تفاوت داشت. محوریت و اجتناب ناپذیری قدرت در اندیشه فوکو او را در میان نظریه‌پردازان سنت واقع‌گرا که از توسیدید و ماکیاولی تا مورگنتا ادامه یافته است قرار می دهد؛ اما تأکید او بر گفتمان، طرح مفهوم مقاومت به‌عنوان ملازم همیشگی قدرت و نقد حاکمیت به نحوی قابل ملاحظه ماتریالیسم و دولت محوری این سنت را به چالش می کشد. بداعت کار فوکو، طرح مجموعه ای از قواعد تازه جهت نحوه صورتبندی قدرت به شکل کنونی آن است که می توان آنها را چنین برشمرد:

نخست، آنکه او در پی آن بود تا تکنیک‌های انضباطی قدرت را همچون عامل سامان‌بخش و تولیدی ببیند، نه چون حکمی سرکوبگر و تحدیدکننده؛

دوم، او در پی آن برآمد تا روش‌های کیفری و تنبیهی را همچون مجموعه‌ای از فنون و اعمال ویژه‌ی دارای قدرت خاص خود ببیند، (.. چهارم...)؛

سوم،او در پی آن برآمد تا با طرح دانش/قدرت، پیوند قدرت و آزادی و نفی ساختار دولت به عنوان یگانه ساختار هویت‌بخش، در جهت هرچه انسانی تر کردن نحوهٔ عملکرد تکنولوژی قدرت و فراهم‌آوردن نوعی آزادسازی و سازندگی (در مقابل سرکوب و بازدارندگی قدرت) در چارچوب (دولت مدرن) تلاش کند.

در مجموع، به رغم بداعت فوکو در تأمل در باب اندیشه سیاسی، به خصوص تمرکز بر ماهیت قدرت، حکمرانی، آزادی و حقیقت این نکته قابل ملاحظه است که (...پنجم..) و پژوهش های خود را به حوزه مسائل زندگی سیاسی محدود نمی کرد. تأملات او در باب دانش و معرفت‌شناسی، اخلاق، روانپزشکی، تاریخ، حوزه‌هایی گسترده از فعالیت های پژوهشی را در وی ایجاد کرده بود. به تأکید خود فوکو، هدف اصلی‌اش نه تحلیل پدیده قدرت، بلکه خلق تاریخی با شکل متفاوت برای فهم چگونگی تبدیل انسان به سوژه است (Foucault, ۱۹۸۲:۱۳۹-۱۴۲). به علاوه، تأملات فوکو درباره قدرت هنگامی برای نظریه سیاسی مفید است که قدرت با وجه سیاسی آن یکسان قلمداد نشود. اگر امر سیاسی صرفاً به حضور قدرت ارجاع داده نشود، باید هر گونه کنش، فعالیت و رابطه اجتماعی نیز در ادراکی فراگیر سیاسی قلمداد شود.

منبع: نظری، ع. ا. (۱۳۹۰). چرخش در مفهوم قدرت: تصور فوکویی و پسا فوکویی از قدرت. *سیاست*، ۱۹ (۴۱)، ۳۴۱-۳۵۸.

چهار. معنی هر یک از لغت‌های زیر را با توجه به متن بنویسید.

۱. انضمامی.................................
۲. فرماسیون...............................
۳. عالیه.....................................
۴. اتخاذ.....................................
۵. مُشرِف...................................
۶. استیلا.....................................
۷. تقبیح ....
۸. ملازم ....
۹. بداعت.....................................
۱۰. تحدید ....

پنج. ابتدا جمع یا مفرد بودن هر یک از کلمات زیر را معین کنید؛ سپس شکل جمع یا مفرد آن را بنویسید.

۱. شبکه.....................................
۲. روابط.....................................
۳. تصور.....................................
۴. ساختار ....
۵. کرسی ....
۶. کانون.....................................
۷. بینش.....................................
۸. ابهامات ....
۹. موضع ....
۱۰. گفتمان ....

شش. با هر یک از کلمات زیر یک جمله بسازید.

۱. بدیع ....
....

۲. مع هذا ....
....

۳. کنش ....
....

۴. معرض ....
....

۵. عدول ....
....

هفت. با توجه به متن، مشخص کنید هر یک از جملات زیر، درست است (**د**)، نادرست است (**ن**)، یا اشاره نشده است (**ا**).

۱. تعریف بسیار وسیع فوکو از قدرت باعث بی‌محتواشدن این مفهوم گردیده است. ....

۲. به باور فراسر، فوکو تمایزی جدی میان مفاهیم قدرت، استیلا و زور قائل است. ....

۳. نویسنده معتقد است فوکو تلاش نموده تنها در حوزهٔ علوم سیاسی تعریفی جامع از قدرت به دست دهد. ....

هشت. با توجه به متن، به هر یک از پرسش‌های زیر به طور مختصر پاسخ دهید.

۱. در کلام نویسنده، آیا نقد قدرتِ دولت محور در اندیشهٔ فوکو، به معنای نفی جایگاه دولت است؟

....
....
....

۲. نگرش همدلانهٔ فراسر، چه زوایایی از اندیشهٔ فوکو را شامل می‌شود؟

....
....
....

۳. به باور نویسنده، و به نقل از فراسر، فوکو چه آرایی پیرامون مقاومت ارائه نموده است؟

....
....
....

67   درس هشت

۴.   به نظر نویسنده چه زمانی دیدگاه فوکو پیرامون مفهوم قدرت مفید خواهد بود؟

....

....

....

نه. هر یک از جملات ذیل مربوط به یکی از نقطه‌چین‌های درون متن است. آن را در جای مناسب خود بنویسید. یکی از جملات اضافی است.

۱.   به‌نحوی کاملاً آشکار با تمایزبندی ایدئولوژی/ماتریالیسم در مارکسیسم تمایز داشت.

۲.   او خود را به عنوان نظریه‌پرداز سیاسی نمی‌دانست.

۳.   نقد دیگر که در این راستا می‌توان به نظریه او وارد کرد.

۴.   نه همچون بازتاب یا نتیجه نیروهای دیگر از قبیل ساختارهای اجتماعی یا نهادهای قانون‌گذاری.

۵.   چه اینکه تمامی افکار وی متأثر از آراء چپ فرانسه شکل گرفته است.

۶.   بحث فوکو در بارهٔ قدرت، بحثی در باره جوامع توسعه یافتهٔ مدرن است.

ده. شکل مناسب کلمات داخل پرانتز را در جای خالی بنویسید. شمارهٔ یک به عنوان نمونه پاسخ داده شده است.

۱.   سخنان............بی‌محتوای............یکی از سخنرانان موجب خشم حضار گردید. (محتوا)

۲.   روابط............ ممکن است در مواردی از مجاری غیررسمی دنبال گردد. (دیپلماسی)

۳.   .... از واقعیت‌های اجتماعی به ناآگاهی از محیط پیرامونی منجر خواهد شد. (چشم)

۴.   برای آگاهی از............ درج نام خود در سامانه، به راهنمای بالای صفحه مراجعه نمایید. (چگونه)

۵.   نظرات............ تیم پزشکی نشان از وخامت حال وی دارد. (یأس)

یازده. کلمات را به فعل مربوط وصل کنید و معنی آن را بنویسید. در زیر برای هر فعل مرکب یک جمله بنویسید. (اختیاری)

۱.   موجودیت   الف آوردن   ....

۲.   بی محتوا   ب دادن   ....

۳.   سازش   ج یافتن   ....

۴.   به خاطر   د ساختن   ....

۵.   متقاعد   ه کشیدن   ....

....

....

....

....

....

درس هشت **68**

....

....

....

....

دوازده. بدون مراجعه به متن و با توجه به معنی جمله، حرف اضافهٔ مناسب را انتخاب کنید. شاید بیش از یک پاسخ صحیح باشد. (اختیاری)

برای ـ با ـ در ـ از ـ بر ـ به

۱.   وی با بهره‌گیری................... مفهوم وسیع قدرت، نظریهٔ خود را بیان می‌کند.

۲.   و................... این حالت است که بسیاری از پدیده‌های اجتماعی مفهومی نوین به خود می‌گیرد.

۳.   این سخن شامل مجموعه‌ای................... از گزاره‌هاست که رویکردی عینی دارد.

۴.   توجه صِرف................... عوامل امنیتی در فرهنگ، ما را از سایر زیرساخت‌های لازم دور خواهد کرد.

۵.   تلاش عده‌ای از دانشگاهیان................... احیای صنف نویسندگان قابل تقدیر است.

سیزده. با مراجعه به متن، مشخص کنید هر یک از کلمات زیر، به کدام اسم یا اسامی قبل یا بعد خود معطوف می‌شود. (اختیاری)

۱.   هرچند فوکو با بهره‌گیری از مفهوم حکومت‌مندی و بسط مفهوم قدرت و ارائه تصوری شبکه‌ای (hybridize) از <u>آن</u> که در متن همه روابط و تعاملات انسانی حاضر قلمداد می‌شود...................

۲.   نادیده گرفتن حق انحصاری قدرت دولت و ظرفیت و حق <u>آن</u> برای عمل به عنوان تنها کانون مشروع اقدام و عمل سیاسی به معنای چشم‌پوشی از واقعیتی آشکار است...................

۳.   بداعت کار فوکو، طرح مجموعه‌ای از قواعد تازه جهت نحوه صورت‌بندی قدرت به شکل کنونی آن است که می‌توان <u>آنها</u> را چنین برشمرد...................

چهارده. جمله‌های زیر از متن انتخاب شده است. آن را به زبان خود بازنویسی کنید. (اختیاری)

۱.   قدرت در چارچوب دولت در قالب نهادها، دانش‌ها و کنش‌های انضباطی به صورتی انضمامی موجودیت می‌یابد.

....

....

....

۲.   مجموعه‌ای از گزاره‌هاست که به گونه‌ای مستقل در تمامی نهادها تولید می‌شود و به میزانی که کمتر دست به دامن ارادهٔ عالیه شود و بیشتر در گرو مشاهده عینی و بلکه علم باشد ، نافذتر قلمداد می‌شود.

....

....

....

۳. او عقلانیت سیاسی را نه امری ذاتی و یا پیشینی، بلکه امری تحققی و فرایندی در چارچوب خود مشروعیت‌بخشی قدرت قلمداد می‌کند.

....

....

....

....

پانزده. مانند نمونه، ریشهٔ هر یک از کلمات را بیابید، و چند واژهٔ دیگر با این ریشه بنویسید. (اختیاری)

واژه	ریشه	مثال ۱	مثال ۲	مثال ۳
۱. کلمه	........ک..ل..م.........	.... تکلم..........	.... کلام...........	.... کلیم...........
۲. نظامی	....	....	....	....
۳. بسط	....	....	....	....
۴. ممکن	....	....	....	....
۵. مؤلفه	....	....	....	....
۶. تجربی	....	....	....	....
۷. اتخاذ	....	....	....	....
۸. اطاعت	....	....	....	....
۹. تقبیح	....	....	....	....
۱۰. ملازم	....	....	....	....

شانزده. قسمت‌هایی را در متن بیابید که، به نظر شما، نویسندگان از بی‌طرفی فاصله گرفته، و جانبدارانه به موضوع مورد بحث پرداخته‌اند. مختصراً بنویسید چگونه می‌توان موضوع را مورد کنکاش دوباره قرار داد. (اختیاری)

....

....

....

....

....

....

....

....

درس هشت **70**

هفده. با مراجعه به سایر منابع و ادبیات تحقیق موجود، چه اطلاعات دیگری دربارۀ دیدگاه‌های فوکو پیرامون مفهوم قدرت به دست می‌آورید؟ خلاصه‌ای از آن را بنویسید. (اختیاری)

....

....

....

....

....

....

....

هجده. اکنون یک بار دیگر متن را به دقت بخوانید و خلاصۀ آن را در ۱۵۰ تا ۲۰۰ کلمه بنویسید. (اختیاری)

....

....

....

....

....

....

....

....

....

....

....

....

....

....

....

....

71   درس هشت

....

....

....

....

....

....

....

....

....

....

....

....

....

درس نه

تعزیه

یک. در گروه‌های دو یا سه‌نفره، به پرسش‌های زیر پاسخ دهید.

۱. فکر می‌کنید تصویر زیر مربوط به چه مراسمی است؟
۲. چقدر با تعزیه و آیین‌های مربوط به آن آشنا هستید؟
۳. اگر تاکنون در آیین‌های مربوط به محرم شرکت کرده‌اید، خلاصهٔ آن را به دوستان خود بگویید.
۴. آیا آیین‌هایی چون تعزیه در سایر ادیان نیز رایج است؟
۵. به نظر شما می‌توان میان آیین‌های عزاداری و ادبیات رابطه‌ای متصور شد؟ نظر خود را بگویید.

دو. پاراگراف دوم را بخوانید. چرا برخی هندوها فرزندان خود را حسین می‌نامیده‌اند؟
سه. کل متن را بخوانید. خلاصهٔ اطلاعاتی که راجع به دکن بیان شده را بنویسید.

....

....

....

هندوان و محرم

یکی از ویژگی‌های برجسته و شگفت انگیز آیین های مربوط به محرم، مشارکت گسترده هندوان در برگزاری این آیین‌ها و مهم تر از آن، احساس همدلی و همراهی با آن است. به نظر می رسد میزان مشارکت هندوان در این مراسم در میان روستائیان و شهرهای کوچک و نیز در میان زنان هندو بیشتر از دیگران بوده است. البته این نکته به معنای نفی مشارکت هندوان در شهرهای بزرگ و پایتخت های سلسله های مسلمان و نیز در میان همه اقشار و گروه‌های مختلف هندو نیست.

صاعدی شیرازی مؤلف *حدیقه السلاطین قطب شاهی*، که کتاب خویش را در دورهٔ عبدالله قطب شاه (حک: ۱۰۳۵-۱۰۸۳ه‍.)، نوشته است، در بیان چگونگی برگزاری آیین‌های محرم در شهر گلکنده، با افتخار و شگفتی تمام از مشارکت هنود اعم از زنان و مردان و پسران و دختران و اغنیا و فقرا در این مراسم، و تقدیم هدایا و نذورات فراوان به دسته‌های عزاداری سخن گفته است. به گفته وی، حاجت مندان هندو، که با توسل به دسته‌های عزاداری حاجت خویش را گرفته بودند، (...اول.......................................) (صاعدی شیرازی، ۵۸).

هندوان علاوه بر شرکت در دسته های عزاداری، خود نیز به تشکیل دسته‌هایی اقدام می کردند و برخی از راجه‌ها و خاندان‌های متمول، همه هزینه‌های راه اندازی این دسته‌ها را پذیرا می شدند و با اسراف و ولخرجی تمام به عرضه غذا و شربت و خوراکی‌های متنوع در میان عزاداران می پرداختند (Howarth, ۲۳). یکی از گروه‌های هندو که در شهر حیدرآباد به همان سبک و سیاق شیعیان، دسته عزاداری به راه می اندازند، گروهی موسوم به "برهمانان حسینی"اند که به زعم آنها اجدادشان در کربلا حضور داشته و امام حسین (ع) را یاری کرده اند (Chinnian, ۳۰۳).

مشارکت هندوان در مراسم محرم در دیگر شهرهای دکن و در دوره دیگر خاندان ها[ی] حکومتگر نیز، بسیار چشمگیر بوده است. (... دوم..) و اگر ایام محرم با یکی از جشن‌های ملی و آیینی آنها چون هولی، مصادف می شد، به احترام محرم، از برخی اعمال و آداب ویژه هولی، چشم‌پوشی می کردند (Yusuf Ali, ۵۷). عبداللطیف شوشتری که در اوایل قرن سیزدهم هجری برخی از شهرهای دکن را دیده است با کمال شگفتی می گوید "با این حالات که بویی از مسلمانی و بانگ محمدی نیست، اعاظم و متمولین هنود تعزیه‌خانه‌های عالی به تکلف دارند و بعد از دیدن هلال ماه عزا، همگی رخت سوگواری پوشیده و ترک لذات کنند و بسیاری اند که بالمرّه از طعام و شراب کُفّ نفس نمایند" (شوشتری، ۴۳۴-۴۳۵).

در برخی از شهرها و روستاهای دکن مراسم و آیین‌های محرم از دوره سلاطین تا امروز، چنان شهرت و شکوهی دارد که [همه]ساله افراد زیادی از سراسر هند و گاه کشورهای دیگر برای دیدن این مراسم راهی این مناطق می شوند، (...سوم.......................................) و حتی همه ساکنان و برخی از این روستاها هندواند و خبری از مسلمانان در آنجا نیست (Naqvi, ۱۱-۱۳). این آیین ها موجب شده تا هندوان به رغم ماه‌های دیگر سال که حق ورود به مساجد و عاشورخانه‌ها را ندارند، در ایام محرم بتوانند آزادانه به این مراکز رفت و آمد کنند؛ حتی این قانون کهن هندویی که تماس کاستهای هندو را با یکدیگر ممنوع کرده، در ایام محرم نادیده گرفته می شود و همه هندوان فارغ از کاست و طبقه خود، در عاشورخانه‌ها و در دسته‌های عزاداری، با یکدیگر نشت وبرخاست می کنند.

(...چهارم...)، در بیان منهیات این ماه بیشتر به ذکر نهی اعمال و رفتاری چون خوردن گوشت و خرید و فروش تنبول می پرداختند که از نظر هندوان نیز در همه یا برخی از ایام سال، ممنوع بود. پیداست که هدف از صدور چنین فرمانی به گونه ای جلب رضایت هندوان و تشویق آنها به مشارکت گسترده‌تر در برپایی آیین های محرم و نیز نزدیک ساختن آنها با شیعیان بوده است.

دلایل و انگیزه های حضور هندوان در برگزاری آیین های محرم، متعدد و متنوع بوده است. (... پنجم...) و پاره‌ای دیگر ریشه در اوضاع سیاسی و اجتماعی دکن و نیز در ترکیب فرهنگی و قومی این منطقه دارد.

منبع: معصومی، م. (۱۳۹۱). هندوان و آیین های محرم در دکن. *تاریخ و تمدن اسلامی* ۸(۲)، ۱۷۳-۱۹۰.

چهار. معنی هر یک از لغت های زیر را با توجه به متن بنویسید.

۱. حاجت‌مند..
۲. راجه..
۳. متمول..
۴. زعم ....
۵. تکلُّف..
۶. بالمرّه ....
۷. کُف نفس ....
۸. عاشورخانه ....
۹. کاست ....
۱۰. منهیات ....

پنج. ابتدا جمع یا مفرد بودن هر یک از کلمات زیر را معین کنید؛ سپس شکل جمع یا مفرد آن را بنویسید.

۱. هنود..
۲. اغنیا ....
۳. فقرا..
۴. هدایا..
۵. نذورات ....
۶. اجداد ....
۷. اوایل..
۸. اعاظم..
۹. اعمال..
۱۰. فرمان ....

شش. با هر یک از کلمات زیر یک جمله بسازید.

۱. پاره‌ای ....
....
۲. نهی ....
....
۳. به رغم ....
....
۴. ولخرجی ....
....
۵. نفی ....
....

هفت. با توجه به متن، مشخص کنید هر یک از جملات زیر، درست است **(د)**، نادرست است **(ن)**، یا اشاره نشده است **(ا)**.

۱. صاعدی شیرازی، در بخشی از اثر خود، به زندگانی عبداللّه قطب شاه پرداخته است..................
۲. برهمانان حسینی گروهی هندو هستند که با اجداد خود در حیدرآباد عزاداری می‌کنند..................

۳. شوشتری نقل کرده است که با رسیدن ماه محرم، هندی‌ها به غذاها و نوشیدنی‌های گوناگون روی می‌آورند.....................

هشت. با توجه به متن، به هر یک از پرسش‌های زیر به طور مختصر پاسخ دهید.

۱. میزان مشارکت هندوان در آیین‌های محرم در چه جاهایی بیشتر است؟

....

....

....

۲. روایت عبداللطیف شوشتری از دکنِ قرن سیزدهم چیست؟

....

....

....

۳. یکی از قوانین کهن هندویی که در متن به آن اشاره شده است، چیست؟

....

....

....

۴. برخی موارد نهی شده از سوی سلاطین که در متن به آن اشاره شده است را بنویسید.

....

....

....

نه. هر یک از جملات ذیل مربوط به یکی از نقطه‌چین‌های درون متن است. آن را در جای مناسب خود بنویسید. یکی از جملات اضافی است.

۱. حتی در دوره حکومت هندوی مرتهه‌ها آیین‌های محرم با جلال و شکوه برگزار می‌شد.
۲. برخی از این دلایل ناشی از تشویق‌های پادشاهان و دولتمردان مسلمان برای افزایش مشارکت هندوان بوده.
۳. پسران خویش را که در ایام محرم چشم به جهان می‌گشودند، حسین می‌نامیدند.
۴. آنچه هندوان را به آیین های محرم علاقه‌مند نموده است.
۵. و عجیب آن که شمار مسلمانان در این مناطق بسیار اندک است.
۶. در فرمان‌هایی که سلاطین به مناسب حلول ماه محرم صادر می‌کردند.

ده. شکل مناسب کلمات داخل پرانتز را در جای خالی بنویسید. شمارهٔ یک به‌نوان نمونه پاسخ داده شده است.

۱. مشارکت بالای هندوان در آیین‌های محرم امری...........*شگفت‌انگیز*...........است. (شگفت)
۲. تمام اعضای خانواده از............................ وی به ستوه آمده‌اند. (خرج)
۳. حضور............................ اقلیتهای دینی در انتخابات مجلس حائز اهمیت است. (چشم)

۴. تصویربرداری در این مکان...................................... است. (منع)
۵. انتظار می‌رود شاهد همایش‌هایی.. در سال‌های آتی باشیم. (گسترده)

یازده. کلمات را به فعل مربوط وصل کنید و معنی آن را بنویسید. در زیر برای هر فعل مرکب یک جمله بنویسید. (اختیاری)

۱. چشم	الف کردن	....
۲. به راه	ب گشودن	....
۳. چشم‌پوشی	ج انداختن	....
۴. راهی	د شدن	....
۵. نادیده	ه گرفتن	....

....
....
....
....
....
....
....
....
....
....

دوازده. بدون مراجعه به متن و با توجه به معنی جمله، حرف اضافهٔ مناسب را انتخاب کنید. شاید بیش از یک پاسخ صحیح باشد. (اختیاری)

برای - با - در - از - بر - به

۱. مشارکت گستردهٔ پژوهشگران جوان................ کارگاه های علم‌سنجی نشان از علاقهٔ آنان به موضوع علم پژوهی است.
۲. .... گفتهٔ وی، سلاطین دکن نقش مؤثری در تربیت‌های دینی عامه داشته‌اند.
۳. امروز مصادف است................. سالروز افتتاح نخستین مرکز سلول درمانی در شرق کشور.
۴. فارغ................. اختلاف‌نظرهایی که پیرامون روش تحلیل این موضوع وجود دارد، سایر بخشها مورد اتفاق است.
۵. هدف................. احداث این بنا، ایجاد بستری مناسب برای رشد آموزش های ضمن خدمت معلمان است.

سیزده. با مراجعه به متن، مشخص کنید هر یک از کلمات زیر، به کدام اسم یا اسامی قبل یا بعد خود معطوف می‌شود. (اختیاری)

۱. یکی از ویژگی‌های برجسته و شگفت انگیز آیین‌های مربوط به محرم، مشارکت گسترده هندوان در برگزاری این آیین‌ها و مهمتر از آن، احساس همدلی و همراهی با آن است................................

۲. یکی از گروه‌های هندو که در شهر حیدرآباد به همان سبک و سیاق شیعیان، دسته عزاداری به راه می‌اندازند، گروهی موسوم به "برهمانان حسینی" اند که به زعم آنها اجدادشان در کربلا حضور داشته و امام حسین (ع) را یاری کرده‌اند ....

۳. این آیین‌ها موجب شده تا هندوان به رغم ماه‌های دیگر سال که حق ورود به مساجد و عاشورخانه‌ها را ندارند، در ایام محرم بتوانند آزادانه به این مراکز رفت و آمد کنند..

چهارده. جمله‌های زیر از متن انتخاب شده است. آن را به زبان خود *بازنویسی* کنید. (اختیاری)

۱. صاعدی شیرازی با افتخار و شگفتی تمام از مشارکت هندو اعم از زنان و مردان و پسران و دختران و اغنیا و فقرا در این مراسم، و تقدیم هدایا و نذورات فراوان به دسته‌های عزاداری سخن گفته است.

....

....

....

....

۲. اعاظم و متمولین هنود تعزیه‌خانه‌های عالی به تکلف دارند و بعد از دیدن هلال ماه عزا، همگی رخت سوگواری پوشیده و ترک لذات کنند و بسیاری‌اند که بالمرّه از طعام و شراب کَفّ نفس نمایند.

....

....

....

....

۳. پیداست که هدف از صدور چنین فرمانی به گونه‌ای جلب رضایت هندوان و تشویق آنها به مشارکت گسترده‌تر در برپایی آیین‌های محرم و نیز نزدیک ساختن آنها با شیعیان بوده است.

....

....

....

....

پانزده. مانند نمونه، ریشهٔ هر یک از کلمات را بیابید، و چند واژهٔ دیگر با این ریشه بنویسید. (اختیاری)

واژه	ریشه	مثال ۱	مثال ۲	مثال ۳
۱. کلمه	........ک..ل..م.........	.... تکلم	.... کلام...........	.... کلیم ....
۲. مُحرّم	....	....	....	....
۳. نفی	....	....	....	....
۴. توسّل	....	....	....	....
۵. مصادف	....	....	....	....

درس نه   **78**

واژه	ریشه	مثال ۱	مثال ۲	مثال ۳
۶. اعاظم	....	....	....	....
۷. متموّل	....	....	....	....
۸. تکلّف	....	....	....	....
۹. تَرک	....	....	....	....
۱۰. طعام	....	....	....	....

شانزده. قسمت‌هایی را در متن بیابید که، به نظر شما، نویسندگان از بی‌طرفی فاصله گرفته، و جانبدارانه به موضوع مورد بحث پرداخته‌اند. مختصراً بنویسید چگونه می‌توان موضوع را مورد کنکاش دوباره قرار داد. (اختیاری)

....

....

....

....

....

....

هفده. با مراجعه به سایر منابع و ادبیات تحقیق موجود، چه اطلاعات دیگری دربارهٔ تعزیه و عزاداری به دست می‌آورید؟ خلاصه‌ای از آن را بنویسید. (اختیاری)

....

....

....

....

....

هجده. اکنون یک بار دیگر متن را به دقت بخوانید و خلاصهٔ آن را در ۱۵۰ تا ۲۰۰ کلمه بنویسید. (اختیاری)

....

....

درس نه **79**

80   درس نه

درس ده

فارسی و عربی

یک. در گروه‌های دو یا سه‌نفره، به پرسش‌های زیر پاسخ دهید.

۱. فکر می‌کنید دانستن عربی چه تأثیری بر آموختن فارسی دارد؟
۲. می‌دانید چه عواملی بر دادوستدهای زبانی میان عربی و فارسی تأثیر داشته است؟
۳. چه تعاملاتی میان زبان فارسی و عربی صورت گرفته است؟
۴. چند واژهٔ مشابه در فارسی و عربی نام ببرید که معنایی کاملًا متفاوت داشته باشد.
۵. می‌توانید بیت زیر را بخوانید؟ شاعرش را می‌شناسید؟ خطاط از چه خطی استفاده کرده است؟

دو. نقل‌قول ابتدای متن را بخوانید. منظور از عربی ایرانی چیست؟
سه. در متن برخی ترکیب‌های عربی رایج در فارسی ذکر شده، که در عربی معنایی ندارد. نمونه‌هایی را بنویسید.

....

....

....

عامل انقطاع فرهنگی

پس از انقطاع فرهنگی ایران از کشورهای عربی از زمان صفویه و به دنبال آن، گسست دادوستد زبانی میان این دو فرهنگ، زبان عربی در ایران، منقطع از تحولات زبانی عربی در سرزمین‌های عربی به طور تدریجی بـه رشـد خود ادامه داد؛ (.......... ....اول...............................) (فارسی از فرط حضور کلمات عربی غلیظ شد و عربی باوجود برخی کلمات فارسی رقیق شد). از آن پس ، اگر تحولی در واژگان عـربی موجود در زبان فارسی رخ داد، سمت وسوی فارسی سازی این واژگان را داشت.

> اگر در قرن‌های سه تا پنج، میان عربی شرق و غرب تفاوت اندک بود، از آن پس عـربی شـرقی مسیر خویش را برگزید، ادب به مـعنای امـروزین کلمه، تقریباً به کلی از آن رخت بربست و به همین سبب عربی دامن برکشید [.......] ازآن پس شاید با اندکی تسامح و گستاخی بتوان عربی شرقی را عربی ایرانی خواند [.......] واژگـان عـموما از تحول بازمی‌مانند، (................................دوم..................................)، آن عربی نیز ایرانی‌تر می گردد. اختلاف میان دو گونهٔ زبانی را نه در آثار فنی از نوع فقه و حـدیث کـه بیشتر در نوع لغزش‌ها و نقص‌ها و عیب‌های زبان‌شناختی باید جست. در عربی ایرانی واژه‌ها عموما کهنه‌گرایانه اند و اگر گاه به گونه ای نابجا استعمال نشوند، باری از تحول معنایی واپس مانده اند
> (آذرنوش، ۱۳۸۵: ۱۷۵).

(.. سوم.. ..) که به شکلی مستقل از عـربی رسمی رشد می کند و تحت تأثیر فضای فرهنگی ایرانی قرار مـی گیرد. ایـن اتفاق باعث بیشترشدن فاصلهٔ میان عربی ایرانی و زبان عربی رسمی کنونی شده است و ترکیبات و تعبیرات متعددی در متون عربی ایرانی به کار می رود که وجه اشتراک آن با عربی رسمی، (...چهارم............................. ....).

> استفاده از ترکیبات عربی به مقیاس وسـیع آن در دوره‌های متأخر آغاز و شاید عصر صفویه و قاجار عصر افراط در استعمال این ترکیبات بـاشد [.......] نفوذ در طبقات متوسط و پایین در انحصار روحانیان بود. اینان گرایشی به لغات عربی و مخصوصاً ترکیبات آن داشتند. ناچار عامه هم به تقلید از آنان این ترکیبات را به کار بردند.
> (شهیدی، ۱۳٤۹: ۲۰۸).

ترکیب‌هایی که در این دوره از واژگان عربی در فارسی رواج مـی یابنـد، بیشـتر مخلـوطی ناهمگون از مؤلفه‌ها و عناصر دو زبان فارسی و عربی، ساختگی و در عربی نامفهوم هستند؛ مانند بارزالوجه، تحت الشعاع، حق الوکاله، فصل‌الخطاب، ساحت افلاک، منظورنظر، لوازم التحریر، مال الاجاره، سریع السیر، فاحشا بـل افحش، لطائف الحیل، حسب الامر، حفظ الصحه، حق المرتع، متحدالمال، منصف الزاویه (همان: ۲۰۸؛ صفا، ۱۳٦۹: ٤۳۲- ٤۳٦).

این گونه واژگان اختراعی از واژه های فارسی نیز ساخته شده اند. متون روزگار صفوی آکنده از تعابیری مانند "اتواپ را از گوالیل معظمه و بواریت موزنه خالی کردند" (نعمت خان عالی، ۱۹۲۸: ۵۹) است که نویسنده توپ، گلوله و باروت را به شکل اتواپ، گوالیل و بواریت جمع مکسر بسته است.

فرشیدورد به تحول معنایی واژگان عربی در فارسی اشاره نمی کند؛ اما سخنان وی نیز حاکی از تأثیر عامل فرهنگ دینی در گسترش واژگان عربی است:

> در دورهٔ صفویه، به سبب رواج تشیع و ضعف تسنن، جامعه دچار کمبود فقهای شیعی فارسی زبان گردید و ناچار پادشاهان صفوی برای رواج تشیع، فقیهان عرب زبان این مذهب را از لبنان و جبل عامل و بحرین و لحساء وارد کشور کردند و آنان نیز چون فارسی نمی دانستند ، کتاب‌های خود را به عربی نوشتند و براثر این جریان، لغت‌ها و عبارت‌های عربی هرچه بیشتر وارد زبان فارسی گردید
> (فرشیدورد ، ۱۳۸۰ : ۷۱۸).

با توجه به مسلط شدن گفتمان فقهی در دوره‌های بعد و گسترش بی‌سابقهٔ متون فقهی و قطع ارتباط ایران با جهان عرب، (..
.... پنجم......................................) ، برخی
دیگر در فضای فرهنگی ایران معانی جدیدی به خود گرفتند و یا آمیختگی کاملی با واژگان فارسی پیدا کردند و شمار قابل توجهی از واژگان جدید پدید آمدند که آمیزه ای از اصل عربی - فارسی بودند؛ مانند دستورالعمل و حسب الفرموده. این عامل علاوه بر ایجاد تحولات گسترده ای در معنا، تغییرات اساسی را در ساختار و نسب‌نامهٔ واژگان ایجاد کرد. در عهد صفوی هم تشیع در مقام ایدئولوژی رسمی، میان ایران و سرزمین های عربی دیگر، مرزی روشن ترسیم کرد. رسمیت‌یافتن زبان فارسی نیز عامل تمایز ایران از جهان عرب زبان شد که آن هنگام تحت سلطهٔ ترکان درآمده بود.

منبع: امینی، ا. و نیازی، ش. (۱۳۹۴). ماهیت و پیامدهای تحول معنایی واژگان عربی در فارسی. *جستارهای زبانی*، ۲۳ (۶)، ۵۳-۷۶.

چهار. معنی هر یک از لغت‌های زیر را با توجه به متن بنویسید.

۱. انقطاع..

۲. فرط..

۳. گستاخی..

۴. استعمال...

۵. افراط ....

۶. ناهمگون...

۷. باروت..

۸. تسامح ....

۹. باری...

۱۰. ایدئولوژی ....

پنج. ابتدا جمع یا مفرد بودن هر یک از کلمات زیر را معین کنید؛ سپس شکل جمع یا مفرد آن را بنویسید.

۱. تحولات...

۲. تفاوت..

۳. اختلاف ....

۴. عامه ....

۵. لوازم...

۶. ضعف...

۷. فُقها...

۸. عهد...

۹. لطایف...

۱۰. ترکان..

شش. با هر یک از کلمات زیر یک جمله بسازید.

۱. ترکیبات ....
....

۲. مؤلفه ....
....

۳. آکنده ....
....

۴. حسب الامر ....
....

۵. حاکی ....
....

هفت. با توجه به متن، مشخص کنید هر یک از جملات زیر، درست است (**د**)، نادرست است (**ن**)، یا اشاره نشده است (**ا**).

۱. جدایی زبان عربی در ایران از سایر کشورها، پس از ظهور صفویه، باعث فارسی‌شدن عربی ایرانی شد. ....

۲. روحانیون، به تقلید از عوام، به استفادهٔ افراطی از واژگان عربی روی آوردند. ....

۳. اتواپ و گوالیل و بواریت، به طور مستقیم از زبان عربی وارد فارسی شده‌اند. ....

هشت. با توجه به متن، به هر یک از پرسش‌های زیر به‌طور مختصر پاسخ دهید.

۱. از چه زمانی عربی شرقی، شکل عربی ایرانی به خود گرفت؟

....
....
....

۲. در چه دوره‌هایی شاهد استفادهٔ فراوان و افراط در به‌کارگیری واژگان عربی هستیم؟

....
....
....

۳. برخی عبارات ناهمگون عربی را که فارسی رواج یافته است را بنویسید.

....
....
....

85 درس ده

۴. حضور فقهای غیرفارسی زبان چه تأثیری بر زبان فارسی داشته است؟

....

....

....

نه. هر یک از جملات ذیل مربوط به یکی از نقطه‌چین‌های درون متن است. آن را در جای مناسب خود بنویسید. یکی از جملات اضافی است.

۱. به ویژه در فقه که زبان فارسی آمیزه‌ای از عربی و فارسی شد.

۲. انقطاع و گسست فرهنگی ایران با کشورهای عربی دیگر، عامل استقلال عربی وام‌گرفته‌شده در ایران است.

۳. تنها در رعایت برخی قواعد صرفی و نحوی، آن هم در شکل دستور زبان قدیمی عربی، است.

۴. برخی از واژگان عربی با همان معنای پیشین خود در فرهنگ فارسی ادامهٔ حیات دادند.

۵. هرچه در زمان پیش‌تر می رویم و هرچه روابط میان ملت‌های عرب و عجم دشوارتر می‌شود.

۶. تا آنکه عربی ذره ذره شکل خود را به سایر زبان‌های ایرانی داد.

ده. شکل مناسب کلمات داخل پرانتز را در جای خالی بنویسید. شمارهٔ یک به عنوان نمونه پاسخ داده شده است.

۱. این قبیل واژه‌ها عموماً.........*کهنه‌گرایانه*............است. (کهنه)

۲. اگر مایل باشید، می‌توانید پهنای باند خود را به............... بگذارید. (اشتراک)

۳. سرعت کلام وی موجب گردید بسیاری از کلمات............... باشد. (فهم)

۴. .... بعضی داروهای روان گردان بلندمدت است. (اثر)

۵. این تابلو............... از هنر فرش و خطاطی است. (آمیختن)

یازده. کلمات را به فعل مربوط وصل کنید و معنی آن را بنویسید. در زیر برای هر فعل مرکب یک جمله بنویسید. (اختیاری)

۱.	رُخ	الف یافتن	....
۲.	رخت	ب دادن	....
۳.	واپس	ج بستن	....
۴.	رواج	د ماندن	....
۵.	جمع	ه بربستن	....

....

....

....

....

....

....

....

....

....

دوازده. بدون مراجعه به متن و با توجه به معنی جمله، حرف اضافهٔ مناسب را انتخاب کنید. شاید بیش از یک پاسخ صحیح باشد. (اختیاری)

برای - با - در - از - بر - به

۱. کار ایشان را باید مستقل................. سایر نویسندگان زمانهٔ وی موردبررسی قرار دارد.
۲. پس از مدتی، وی توانست................. طبقات پایین جامعه نفوذ کند.
۳. متون روزگار صفوی آکنده است................. تعابیری عربی شده که در زبان عربی معنایی ندارد.
۴. وی در نوشتار خود................. موضوع ادبیات فارسی در شبه‌قاره اشاره‌ای نکرده است.
۵. رسمیت‌یافتن زبان فارسی عامل تمایز ایران................. جهان عرب زبان شد.

سیزده. با مراجعه به متن، مشخص کنید هر یک از کلمات زیر، به کدام اسم یا اسامی قبل یا بعد خود معطوف می‌شود. (اختیاری)

۱. پس از انقطاع فرهنگی ایران از کشورهای عربی از زمان صفویه و به دنبال آن، گسست دادوستد زبانی میان این دو فرهنگ، زبان عربی در ایران، منقطع از تحولات زبانی عربی در سرزمین های عربی به طور تدریجی بـه رشـد خود ادامه داد...
۲. ازآن پس عـربی شـرقی مسیر خویش را برگزید، ادب به مـعنای امـروزین کلمه، تقریباً به کلی از آن رخت بربست و به همین سبب عربی دامن برکشید...
۳. نفوذ در طبقات متوسط و پایین در انحصار روحانیان بود. اینان گرایشی به لغات عربی و مخصوصاً ترکیبات آن داشتند. ناچار عامه هم به تقلید از آنان این ترکیبات را به‌کار بردند...

چهارده. جمله‌های زیر از متن انتخاب شده است. آن را به زبان خود *بازنویسی* کنید. (اختیاری)

۱. فارسی از فرط حضور کلمات عربی غلیظ شد و عربی باوجود برخی کلمات فارسی رقیق شد.

....

....

....

....

۲. در عربی ایرانی واژه‌ها عموما کهنه‌گرایانه‌اند و اگر گاه به گونه‌ای نابجا استعمال نشوند، باری از تحول معنایی واپس مانده‌اند.

....

....

....

....

۳. ترکیب‌هایی که در این دوره از واژگان عربی در فارسی رواج مـی‌یابنـد، بیشـتر مخلـوطی ناهمگون از مؤلفه‌ها و عناصر دو زبان فارسی و عربی، ساختگی و در عربی نامفهوم هستند.

....

....

....

....

پانزده. مانند نمونه، ریشهٔ هر یک از کلمات را بیابید، و چند واژهٔ دیگر با این ریشه بنویسید. (اختیاری)

	واژه	ریشه	مثال ۱	مثال ۲	مثال ۳
۱.	کلمه	........ک..ل..م..........	.... تکلم...........	.... کلام...........	.... کلیم...........
۲.	انقطاع	....	....	....	....
۳.	تدریجی	....	....	....	....
۴.	ادب	....	....	....	....
۵.	مکسّر	....	....	....	....
۶.	متأخر	....	....	....	....
۷.	افراط	....	....	....	....
۸.	استعمال	....	....	....	....
۹.	انحصار	....	....	....	....
۱۰.	مسلط	....	....	....	....

شانزده. قسمت‌هایی را در متن بیابید که، به نظر شما، نویسندگان از بی‌طرفی فاصله گرفته، و جانب‌دارانه به موضوع مورد بحث پرداخته‌اند. مختصراً بنویسید چگونه می‌توان موضوع را مورد کنکاش دوباره قرار داد. (اختیاری)

....

....

....

....

....

....

....

....

درس ده **88**

هفده. با مراجعه به سایر منابع و ادبیات تحقیق موجود، چه اطلاعات دیگری دربارهٔ رابطهٔ زبان عربی و فارسی به دست می‌آورید؟ خلاصه ای از آن را بنویسید. (اختیاری)

....

....

....

....

....

....

....

....

هجده. اکنون یک بار دیگر متن را به دقت بخوانید و خلاصهٔ آن را در ۱۵۰ تا ۲۰۰ کلمه بنویسید. (اختیاری)

....

....

....

....

....

....

....

....

....

....

....

....

....

....

....

....

89 درس ده

....

....

....

....

....

.... عامه داشته‌اند ....

....

....

....

....

....

....

....

....

....

درس یازده

کتاب و هویت

یک. در گروه‌های دو یا سه‌نفره، به پرسش‌های زیر پاسخ دهید.

۱. شما چه اندازه کتاب می‌خوانید؟ چقدر از این کتاب‌ها به فارسی است؟
۲. آیا میان کتاب‌خواندن و شخصیت آدم‌ها رابطه‌ای وجود دارد؟
۳. چقدر کتاب‌های درسی در شکل‌گیری هویت دانش‌آموزان تأثیر دارد؟
۴. مختصری از آخرین کتابی که به فارسی خوانده‌اید را برای هم‌گروهی‌های خود بگویید.
۵. هنگام کتاب خواندن بیشتر به چه چیزهایی توجه می‌کنید؟

دو. با مطالعهٔ نخستین پاراگراف بگویید نویسنده چه دسته‌بندی‌هایی از یافته‌های خود ارائه کرده است.
سه. نویسنده چند پژوهش را موردبررسی قرار داده است؟ هرکدام از مقاطع تحصیلی چه عددی را در برمی‌گیرد؟

....

....

....

کتاب های درسی و هویت ملی

نتایج به‌دست‌آمده از مطالعه‌های بـررسی‌شـده با توجه به گویه های به کار رفته و نیز هدف های مورد نظر، قابل دسته‌بندی اسـت. دسـته‌بندی یـافته‌های این آثار براساس دوره‌های زمانی، نشان از این واقعیت دارد که (.. اول...)؛ به طوری که در دوران پهلوی اول که سیاست حاکم بر بـزرگنمایی تاریخ باستان در مقابل ارزش‌های دیـنی و اسلامی، متمرکز بود، هویت ملی با ۳/۷۷ درصد از کل نمادهای هویت فرهنگی و با تأکید بر شواهد و ارزش های باستانی، به میزان بسیار زیاد مطرح شده است؛ درحالی که هویت دینی و اسلامی با ۳/۲۲ درصد به شـکلی کمرنگ و (...دوم...).

هویت قومی با میزان کاربرد ۰/۳۹ درصد، در کتاب های فارسی نادیده گرفته شده است (تقی زاده، ۱۳۸۸). در دو پژوهشی که یکی به تنهایی به کتاب‌های درسـی دوران پهـلوی دوم پرداخته، و دیگری از نوع مقایسه‌ای است و روند دگرگونی توجه به هویت ملی و دینی از سال ۱۳۴۳ تا سال ۱۳۸۶ را بررسی کرده است، نشان داده شده که در کتاب‌های درسی دورهٔ متوسطهٔ پیش از انقلاب اسلامی، به جنبهٔ ایـرانی بـودن هویت ملی، بیشتر اهمیت داده شده و برعکس در کتاب‌های منتشرشده بعد از انقلاب ، بدان سبب که انقلاب ایران، از نوع اسلامی است، به اسلام و آموزش مفاهیم اسلامی اهمیت بیشتری داده شده است؛ همچنین در هر دو دورهٔ مـورد بـحث (پیش و پس از انقلاب اسلامی ایران) اوضاع و احوال سیاسی در محتوای این آثار از نظر شکل‌دهی هویت ملی یا دینی در دانش‌آموزان اثر گذاشته است (خسروانیان، ۱۳۸۷).

مطالعه‌های انجام شده دربارهٔ کتاب های درسی با رویکرد تـوجه بـه هـویت ملی، نشان می دهد که محتوای کـتاب های درسـی بـه منزلهٔ یکی از ابزارهای بسیار مهم و تأثیرگذار بر ایجاد و تقویت هویت ملی از سال ۱۳۸۴ به این سو مورد توجه پژوهشگران قرار گرفته و (...سوم...) کـه بـر حسب جامعهٔ آماری، سه مطالعه دربارهٔ کتاب‌های ابتدایی، دو مطالعه دربارهٔ کتاب‌های راهنمایی، پنج مطالعه دربارهٔ کتاب‌های دوره دبیرستان و دو مطالعه نیز مربوط بـه کـتاب‌های پـیش دانشگاهی است. گرچه جامعهٔ نمونه و حتی بسیاری از گویه‌های این پژوهش‌ها دقیقا نظیر یکدیگر نیست، از آنجا که متغیر وابستهٔ آنها هویت ملی و دینی است، می توان با کمی چشم‌پوشی به عرضهٔ تـصویری از وضـع آمـوزش هویت ملی و دینی در کتاب‌های درسی دورهٔ آموزش عمومی کشور در حال حاضر پرداخـت.

از سـه مطالعهٔ انجام شده دربارهٔ کتاب های درسی مقطع ابتدایی، دو اثر نشان داده اند که محتوای کتاب‌های درسی نمی‌تواند نـقش چـندان مـؤثری در شکل‌گیری و تحکیم هویت ملی که یکی از ابعاد مهم شخصیت سالم و رشد همه‌جانبهٔ فـردی و اجـتماعی دانش‌آموزان بـه شمار می رود، ایفا نماید (صالحی عمران و شکیبائیان، ۱۳۸۶) ؛ همچنین می توان دریافت که میزان توجه نگارندگان و بـرنامه‌ریزان درس‌های دورهٔ ابـتدایی به مقوله‌های هویت ملی (فرهنگ، مشاهیر، ادبیات، وطن، تاریخ، جغرافیا، هنر و میراث فرهنگی) کم بوده و ایـن مـقدار، ۷٪ کل موارد بررسی شده را تشکیل می دهد. درمجموع نگارندگان کتاب فارسی دورهٔ ابتدایی از ابزارهای مـفیدی هـمچون شـعر، واژه، نثر و داستان برای تقویت ارزش های ملی ایرانی و نیز روح حماسی در کودکان، چندان استفاده ای نکرده‌اند (نوشادی و فـریدونی، ۱۳۸۵). تـنها مطالعه‌ای که کتاب های فارسی ابتدایی را از نظر تأکید بر مؤلفه‌های هویت ملی، مناسب شمرده و در عـین حـال بـر وجود خلأهایی در این حوزه اذعان دارد، آورده است [؟]. با نگاهی آسیب‌شناسانه درمی یابیم که در برنامهٔ مذکور، ضعف هایی نیز وجود دارد کـه مـانع دستیابی به اهداف آموزشی است (قاسمی، ۱۳۸۷). براساس این یافته‌ها در کتاب های درسی مقطع ابـتدایی، دانـش‌آموز بـا کمترین درس، کمترین صفحه و کمترین تصویر از کتب دوره می تواند باهویت ملی خود آشنا گردد و این نتیجه، آیـندهٔ مـطلوبی را بـرای کشوری با بیش از ۶۰٪ جمعیت زیر ۲۴ سال که از جوان ترین کشورهای جهان شناخته شـده، بـه بار نخواهد آورد (صالحی عمران و شکیبیان، ۱۳۸۶).

(..چهارم..): کتاب فارسی دورهٔ چهارم ابتدایی بیشترین تصاویر مرتبط با هویت ملی را دارا بوده و به ترتیب، کتاب‌های فارسی دوره‌های اول، سوم، دوم و پنجم ابتدایی در زمینهٔ استفاده از تصاویر در انتقال مفاهیم، در رتبهٔ متوسط تا ضعیف قرار دارند (منصوری و فریدونی، ۱۳۸۷).

در دیگر مقطع‌های تحصیلی نیز یافته ها از وضعیت مشابهی حکایت دارند؛ به طوری که در بررسی کتاب‌های دورهٔ راهنمایی نیز به گونه‌ای به این ضعف اشاره شده است:

به برخی از مؤلفه‌های مربوط به پدیدهٔ هویت ملی در حد نسبتا مناسبی پرداخته شده است (...پنجم...)؛ این در حالی است که برخی دیگر از ابعاد هویت ملی شدیداً مورد غفلت قرار گرفته اند. ابعاد مذکور به ترتیب عبارتند از: هنجارهای ملی ، اسطوره‌های ملی، خرده فرهنگ‌های قومی، نمادهای ملی و تعاملات بین المللی (شمشیری و نوشادی، ۱۳۸۵: ۱۷۱).

منبع: جعفرزاده پور، ف. (۱۳۸۹). کتاب های درسی و هویت ملی (فراتحلیل مطالعه‌های انجام شده دربارهٔ کتاب های درسی). *مطالعات ملی*، ۴۲ (۱۱)، ۳۱-۵۴.

چهار. معنی هر یک از لغت‌های زیر را با توجه به متن بنویسید.

۱. گویه...
۲. بزرگنمایی ....
۳. روند ....
۴. منزله ....
۵. چشم‌پوشی ....
۶. مشاهیر ....
۷. غفلت...
۸. خرده‌فرهنگ..
۹. اسطوره...
۱۰. آسیب‌شناسانه ....

پنج. ابتدا جمع یا مفرد بودن هر یک از کلمات زیر را معین کنید؛ سپس شکل جمع یا مفرد آن را بنویسید.

۱. دوره..
۲. هویت...
۳. اوضاع..
۴. احوال...
۵. تصویر..
۶. متغیر ....
۷. مَقطَع..
۸. رتبه...
۹. حد...
۱۰. نظر...

شش. با هر یک از کلمات زیر یک جمله بسازید.

۱. قومی ....
....

۲. شواهد...
....

۳. چندان..
....

93 درس یازده

۴. مقوله ....
....

۵. مذکور ....
....

هفت. با توجه به متن، مشخص کنید هر یک از جملات زیر، درست است (**د**)، نادرست است (**ن**)، یا اشاره نشده است (**ا**).

۱. در کتاب‌های قبل و بعد از انقلاب ایران، به مفاهیم تاریخی و دینی توجه یکسانی شده است...................

۲. کتاب‌های دورهٔ ابتدایی بیشترین توجه را به هویت ملی نموده است...................

۳. دورهٔ راهنمایی نیز کارای کاستی‌هایی مشابه دورهٔ ابتدایی است...................

هشت. با توجه به متن، به هر یک از پرسش‌های زیر به طور مختصر پاسخ دهید.

۱. در کتاب‌های درسی، چه میزان به هویت درسی پرداخته شده است؟
....
....

۲. آیا در پژوهش‌های موردبررسی، جامعهٔ آماری و گویه‌های پژوهشی مشابه است؟
....
....

۳. نتایج مطالعات انجام شده پیرامون کتاب‌های درسی مقطع ابتدایی، چه یافته‌هایی را نشان می‌دهد؟
....
....

۴. به نظر شمشیری و نوشادی، چه بخش‌هایی از ابعاد هویت ملی مورد توجه کتاب‌های دورهٔ راهنمایی نبوده است؟
....
....

نه. هر یک از جملات ذیل مربوط به یکی از نقطه‌چین‌های درون متن است. آن را در جای مناسب خود بنویسید. یکی از جملات اضافی است.

۱. که این مؤلفه‌ها عبارت‌اند از: بعد دینی و بعد سیاسی.

۲. دیگر محققان نیز به نتیجهٔ مشابهی بدین شرح دست یافته‌اند.

۳. بین هدف‌ها و سیاستهای کلان جامعه، و محتوای کتاب‌های درسی ارتباط برقرار است.

۴. که شاید کمتر پژوهشی به این بعد از کتاب‌های درسی عنایت نموده باشد.

۵. در میان حکایت‌ها و شعرهای اخلاقی به صورت غیرمستقیم طرح گردیده است.
۶. طی این دورهٔ پنج ساله، دوازده پژوهش در زمینهٔ کتاب‌های درسی دوران حاضر انجام گشته است.

ده. شکل مناسب کلمات داخل پرانتز را در جای خالی بنویسید. شمارهٔ یک به عنوان نمونه پاسخ داده شده است.

۱. جامعهٔ..........*آماری*..........در این پژوهش از ۲۳۰ دانش آموز سال نهم تشکیل شده است. (آمار)
۲. حضور.............................. کشورهای همسایه موجب دلخوری میزبانان گردید. (رنگ)
۳. .... شرکت‌کنندهٔ امسال اهل کشور افغانستان است. (جوان)
۴. با هرگونه بی‌نظمی.............................. برخورد خواهد شد. (شدت)
۵. برخی فروشگاه‌های بزرگ کالاهای خود را با استفاده از کدهای معین.............................. می کنند. (دسته)

یازده. کلمات را به فعل مربوط وصل کنید و معنی آن را بنویسید. در زیر برای هر فعل مرکب یک جمله بنویسید. (اختیاری)

۱. به شمار الف آوردن ....
۲. اهمیت ب دادن ....
۳. اذعان ج رفتن ....
۴. مناسب د شمردن ....
۵. به بار ه داشتن ....

....
....
....
....
....
....
....
....
....
....

دوازده. بدون مراجعه به متن و با توجه به معنی جمله، حرف اضافهٔ مناسب را انتخاب کنید. شاید بیش از یک پاسخ صحیح باشد. (اختیاری)

برای - با - در - از - بر - به

۱. در اثر پیشِ رو،.............. جنبهٔ فرهنگی هویت پرداخته نشده است.
۲. از سال ۱۳۹۵.............. این سو، نرخ تورم روندی قابل پیش‌بینی داشته است.

۳. .... عین حال، لازم است نسبت به رفع کاستی‌های کنونی اقدام شود.

۴. این نتیجه، آیندهٔ مطلوبی را............... شرکت ما به ارمغان نخواهد آورد.

۵. برخی دیگر............... ابعاد آموزش مورد تأکید قرار گرفته است.

سیزده. با مراجعه به متن، مشخص کنید هر یک از کلمات زیر، به کدام اسم یا اسامی قبل یا بعد خود معطوف می‌شود. (اختیاری)

۱. بر اساس این یافته‌ها در کتاب‌ های درسی مقطع ابتدایی، دانش‌ آموز با کمترین درس، کمترین صفحه و کمترین تصویر از کتب دوره می‌ تواند باهویت ملی خود آشنا گردد و این نتیجه، آیندهٔ مطلوبی را برای کشوری با بیش از ۶۰% جمعیت زیر ۲۴ سال که از جوانترین کشورهای جهان شناخته شده، به بار نخواهد آورد.............

۲. در دیگر مقطع‌های تحصیلی نیز یافته‌ها از وضعیت مشابهی حکایت دارند؛ به طوری که در بررسی کتاب‌ های دورهٔ راهنمایی نیز بـه گونه‌ای به این ضعف اشاره شده است..............

چهارده. جمله‌های زیر از متن انتخاب شده است. آن را به زبان خود بازنویسی کنید. (اختیاری)

۱. در دوران پهلوی اول که سیاست حاکم بر بزرگنمایی تاریخ باستان در مقابل ارزش‌های دینی و اسلامی، متمرکز بود.

....

....

....

....

۲. گرچه جامعهٔ نمونه و حتی بسیاری از گویه‌های این پژوهش‌ها دقیقا نظیر یکدیگر نیست، از آنجا که متغیر وابستهٔ آنها هویت ملی و دینی است، می‌ توان با کمی چشم‌پوشی به عرضهٔ تصویری از وضع آموزش هویت ملی و دینی در کتاب‌ های درسی دورهٔ آموزش عمومی کشور در حال حاضر پرداخت.

....

....

....

....

۳. با نگاهی آسیب‌ شناسانه درمی‌ یابیم که در برنامهٔ مذکور ، ضعف‌هایی نیز وجود دارد که مانع دستیابی به اهداف آموزشی است.

....

....

....

....

پانزده. مانند نمونه، ریشهٔ هر یک از کلمات را بیابید، و چند واژهٔ دیگر با این ریشه بنویسید. (اختیاری)

	واژه	ریشه	مثال ۱	مثال ۲	مثال ۳
۱.	کلمه	ک.ل.م............	تکلم............	کلام............	کلیم............
۲.	قومی	....	....	....	....
۳.	متوسطه	....	....	....	....
۴.	احوال	....	....	....	....
۵.	توجه	....	....	....	....
۶.	مشاهیر	....	....	....	....
۷.	میراث	....	....	....	....
۸.	مفید	....	....	....	....
۹.	تقویت	....	....	....	....
۱۰.	مقایسه	....	....	....	....

شانزده. قسمت‌هایی را در متن بیابید که، به نظر شما، نویسندگان از بی‌طرفی فاصله گرفته، و جانبدارانه به موضوع موردبحث پرداخته‌اند. مختصراً بنویسید چگونه می‌توان موضوع را مورد کنکاش دوباره قرار داد. (اختیاری)

....
....
....
....
....
....
....

هفده. با مراجعه به سایر منابع و ادبیات تحقیق موجود، چه اطلاعات دیگری دربارهٔ تأثیر کتاب و هویت به دست می‌آورید؟ خلاصه‌ای از آن را بنویسید. (اختیاری)

....
....
....
....

97 درس یازده

....
....
....
....
....

هجده. اکنون یک بار دیگر متن را به دقت بخوانید و خلاصهٔ آن را در ۱۵۰ تا ۲۰۰ کلمه بنویسید. (اختیاری)

....
....
....
....
....
....
....
....
....
....
....
....
....
....
....
....
....
....
....
....

درس یازده **98**

درس دوازده

ادبیات کودکان

یک. در گروه‌های دو یا سه‌نفره، به پرسش‌های زیر پاسخ دهید.

۱. از دوران کودکی خود چه داستان‌هایی را به خاطر می‌آورید؟
۲. کدام داستان‌های آن دوران بیشتر شما را به فکر فرومی‌برد؟
۳. فکر می‌کنید می‌شود از طریق ادبیات کودکان، آنان را به فکر واداشت؟
۴. آیا می‌توان مفاهیم پیچیده را از طریق ادبیات کودکان به آنان آموخت؛ چگونه؟
۵. آیا موافقید که کودکان به سختی مفاهیم ذهنی را فرامی‌گیرند؟ چرا؟

دو. تفاوت دیدگاه لیپمن و پیاژه در چیست؟
سه. آیا برداشت نویسنده از نظرات لیپمن نشان‌دهندهٔ کارکرد ابزاری داستان است؟ توضیح دهید.

....

....

....

کودک و فلسفه

هر کتاب درسی، مجموعه ای از اطلاعاتی وسیع است که به دست محققان و برای محققان تألیف شده است. اما اگر مخاطب کتاب درسی، محققان نباشند و کتاب، کودکان را خطاب کند، شگردی برای برانگیختن مطالعه لازم می آید. داستان (رمان) حاوی تخیل، موقعیتی فرضی، گفت وگویی پر تحرک، شخصیت‌هایی زنده، سبکی پرطراوت، جان‌دارانگاری، طنز، یا همه اینها است. مؤلف با این شیوه‌ها می تواند اطلاعاتی را که می خواهد *انتقال* دهد، به شکل داستانی در آورد که خواننده با آن همانندسازی کند و از آن لذت ببرد و آن را بفهمد [در همه جای متن حاضر خمیده‌کردن حروف از مؤلف مقاله حاضر است] (لیپمن: ۲۰۰۶).

از نظر لیپمن، "نویسندگان فلسفه برای کودکان می توانند در هر صفحه، روابط، مسائل، و معانی ظریف فلسفی را جا دهند...... یک جمله یا کلمه، کودکان را *بر می انگیزد* ...... و جست‌وجوی (کاوش) آنان آغاز می شود و تا زمانی که متقاعد نشوند معنای آنچه را نوشته یا گفته شده دریافته‌اند، این جست‌وجو ادامه می یابد" (همان). لیپمن بر این باور است که دانشجویان تحصیلات تکمیلی در رشته فلسفه، برای مطالعه متون بسیار انتزاعی، انگیزه ای شخصی و درونی دارند، اما کودکان نیازمند این هستند که برای چنین کاری برانگیخته شوند و (..اول.......... ....).

نکته تأمل برانگیز دیگر، تأکیدی است که لیپمن، بی درنگ، پس از اظهارات یاد شده، بر تفاوت دیدگاه خود و پیاژه می‌دارد:

اما این دلیلی نیست که با باور پیاژه مبنی بر این که کودکان خردسال نمی توانند از پس انتزاعیات بر آیند هم داستان شویم. بهتر است بگوییم، کودکان نمی خواهند مجبور شوند با واژگان و اصطلاحاتی تخصصی، خشک و انتزاعی درگیر شوند. (............. ....دوم...................................) که فلاسفه نیز به کار می برند، برمی آیند (همان).

و سرانجام در جایی دیگر، در پاسخ به پرسش مربوط به شیوه نوشتن کتاب‌های فلسفه برای کودکان، لیپمن اظهار می دارد:

داستان‌ها به گونه ای نوشته می شوند که *شماری از باورهای گوناگون فلسفی*، به تصادف، *در هر صفحه پخش شده باشد*. کودکان، به دلیل کنجکاوی ذاتی خویش، حتماً با این باورها *برانگیخته می شوند* و دوست دارند که در آن باره با هم کلاسی‌های خود بحث و گفت و گو کنند. (..سوم.. ....) و کودکان نیز باید تشویق شوند که به توانایی های فلسفی خویش ایمان داشته باشند (همان).

همان گونه که از سخنان یادشده برمی آید، بنا بر باور لیپمن، ادبیات کودک، همچون واقعیت یا پدیده ای درخود و *برای* خود، در نهضت فلسفه برای کودکان، در نظر گرفته نمی شود. (..چهارم............. ....). در داستان، به گونه ای آگاهانه و طراحی شده، سخنی، مسئله‌ای یا نکته‌ای فلسفی گنجانده می شود و پس از خواندن داستان، آن سخن، مسئله، یا نکته، در گروهی که با معلمی کارآزموده هدایت می شود مورد بحث قرار می گیرد. بدین شکل شاید بتوان ادعا کرد که هویت مستقل چنین ادبیاتی، حتی به اندازه هویت مستقل ادبیات آموزشی نیز رسمیت ندارد. ادبیات آموزشی، ادبیاتی است که در خود، همان گونه که هست ارزشمند است و به کار می آید؛ اما در سخنان لیپمن اصل، جامعه، جست‌وجو(کاوش)گر و برنامه‌ای است که در آن اجرا می شود. اصل، گفت‌وگوهایی است که پس از مطالعه کتاب، جاری می شود و به منظوری جز فهم کتاب (جز کتاب) اختصاص یافته است. (..پنجم.......................................). وی در یکی از مصاحبه‌های خود، آن جا که در تفاوت میان رویکرد *فلسفه برای کودکان* و رویکرد "فلسفه با کودکان" سخن می گوید اظهار می دارد:

فلسفه برای کودکان متعهد به بازساختن تاریخ فلسفه به کمک داستان و کتاب راهنما است؛ به این شکل که کودکان در معرض باورهای فلاسفه گوناگون درباره مسائلی قرار می گیرند که پذیرفته اند درباره‌اش تحقیق کنند. در بیشتر موارد، این دیدگاه‌های گوناگون ، در قالب باورهای کودکان مختلف حاضر در داستان، نشان داده می شود؛ یا همچون گزینه‌هایی مطرح

می شود که قرار است در تمرین‌ها و برنامه‌های بحث و گفت و گو در کتاب‌های راهنما بررسی شود .... داستان در فلسفه برای کودکان، سکوی پرشی یا *بهانه ای* برای تحقیق فلسفی است (شارپ : ۲۰۰۶).

شارپ، سپس این رویکرد به ادبیات را با آنچه مارتا نسبام، متفکر معاصر، مطرح می سازد تا اندازه‌ای همانند می بیند و می گوید:

این دیدگاه که داستان، گونه‌ای آمادگی و محرک برای فلسفیدن کودکان است، تا اندازه‌ای با اعتباری که مارتا نسبام برای رابطه میان تربیت اخلاقی، قضاوت اخلاقی و داستان قائل می شود همگون است....... نسبام با توجه به این که فلسفه به همان اندازه جهت گیری به سوی نظر، باید به سوی عمل نیز بگراید، مورد جذابی برای این رویکرد است که قضاوت اخلاقی از طریق زندگی های ویژه و مخمصه‌های پیچیده‌ای که شخصیت‌های داستان در آن گرفتار می آیند، ساخته می شود (همان).

این برداشت شارپ ، در واقع، مبتنی بر این سخن نسبام است که :

بدون عرضه رمزناکی تعارض و مخاطره آمیز بودن موقعیتی که هشیارانه زیسته شده است، دشوار است که فلسفه بتواند ارزش ویژه و زیبایی انتخاب خیر از سوی انسان را آشکار کند....... آنچه، سبک متون معمول و سنتی فلسفه در رساندن آن تاکنون درمانده است همین باور است که سنجیدگی انسان، ماجرایی دائمی از شخصیتی است که در رویارویی با انتخاب‌های مهیب و رازهای هول آور شکل می گیرد و همین نیز در واقع منشأ همه زیبایی و غنای این سنجیدگی است (همان).

منبع: خسرونژاد، م. (۱۳۸۶). تأملی بر هم نشینی ادبیات کودک و فلسفه در برنامه فلسفه برای کودکان. *نوآوری های آموزشی*، ۲۰ (۶)، ۱۲۴-۱۰۹.

چهار. معنی هر یک از لغت‌های زیر را با توجه به متن بنویسید.

۱. شگرد..
۶. رویکرد..

۲. پرطراوت..
۷. فلسفیدن..

۳. متقاعد ....
۸. مخمصه ....

۴. انتزاعی ....
۹. تعارض ....

۵. کارآزموده..
۱۰. سنجیدگی..

پنج. ابتدا جمع یا مفرد بودن هر یک از کلمات زیر را معین کنید؛ سپس شکل جمع یا مفرد آن را بنویسید.

۱. سخنان..
۶. پدیده..

۲. متن ....
۷. مسئله ....

۳. محققان ....
۸. فلاسفه ....

۴. خواننده..
۹. سکو ....

۵. معانی..
۱۰. قضاوت ....

شش. با هر یک از کلمات زیر یک جمله بسازید.

۱. کاوش ....

....

۲. پیش‌فرض ....

....

۳. همگون ....
....

۴. نهضت ....
....

۵. رویکرد ....
....

هفت. با توجه به متن، مشخص کنید هر یک از جملات زیر، درست است **(د)**، نادرست است **(ن)**، یا اشاره نشده است **(ا)**.

۱. لیپمن و پیاژه پیرامون فهمِ کودکان از واژگان انتزاعی اتفاق نظر دارند......................
۲. نویسنده هویتی کاملاً مستقل برای ادبیات کودکان قائل نیست....................
۳. فلسفه برای کودکان باید از طریق داستان های بلند طرح گردد.....................

هشت. با توجه به متن، به هر یک از پرسش‌های زیر به طور مختصر پاسخ دهید.

۱. به نظر لیپمن، تفاوت دانشجویان تحصیلات تکمیلی و کودکان در مطالعهٔ فلسفه چیست؟
....
....
....

۲. چرا لیپمن موافق آراء پیاژه نیست؟
....
....
....

۳. در بحث از نوشتن کتاب‌های فلسفه برای کودکان، نظر لیپمن چیست؟
....
....
....

۴. مقصود از ادبیات آموزشی چیست؟
....
....
....

نه. هر یک از جملات ذیل مربوط به یکی از نقطه‌چین‌های درون متن است. آن را در جای مناسب خود بنویسید. یکی از جملات اضافی است.

۱. چنین بحث‌هایی باید از سوی معلم تشویق و حمایت شود.
۲. داستان و رمان، از این منظر، ابزاری برای رسیدن به هدفی دیگر، هدفی برتر، قلمداد می‌شود.

۳. سخنان شارپ اما در این قلمرو از ژرفای بیش‌تری برخوردار است.
۴. داستان معمولاً بهترین راه برای رسیدن بـه این هدف است.
۵. می‌توان در این مورد خاص متوجه شد کودکان فهمِ فلسفی متفاوتی دارند.
۶. آنان به خوبی از پس کلمات کوتاه و مجردی همچون خوب، بد، قانون، امید، شادی و غیره.

ده. شکل مناسب کلمات داخل پرانتز را در جای خالی بنویسید. شمارهٔ یک به عنوان نمونه پاسخ داده شده است.

۱. این داستان حاوی..........*شخصیت‌هایی*..........زنده است. (شخص)
۲. منابع.......................... را از تارنمای موسسه دریافت نمایید. (کامل)
۳. ایشان از.......................... سابق آقای پروفسور حسابی بوده‌اند. (کلاس)
۴. این معما کاملاً.......................... طرح شده است. (آگاهی)
۵. می‌آورید؟ .... سیاسی وزیر فرهنگ موافق سیاست‌های کلان کشور است. (جهت)

یازده. کلمات را به فعل مربوط وصل کنید و معنی آن را بنویسید. در زیر برای هر فعل مرکب یک جمله بنویسید. (اختیاری)

۱. به نگارش	الف آمدن	....
۲. لازم	ب ساختن	....
۳. اظهار	ج درآوردن	....
۴. اختصاص	د داشتن	....
۵. مطرح	ه یافتن	....

....

....

....

....

....

....

....

....

....

....

دوازده. بدون مراجعه به متن و با توجه به معنی جمله، حرف اضافهٔ مناسب را انتخاب کنید. شاید بیش از یک پاسخ صحیح باشد. (اختیاری)

برای - با - در - از - تا - به

۱. این کتاب.................. گروه سنی "الف" نوشته شده است.
۲. نظر پیشین.................. زمانی دارای اعتبار است که منطبق بر یافته‌های علمی روز باشد.

۳. لازم است دانشجویان انگیزۀ لازم................... نگارش این پیشنهاده را داشته باشند.

۴. هنوز مدیر گروه در پاسخ................... پرسش شورای آموزشی دانشکده مطلبی اعلام نکرده است.

۵. آن گونه که................... پاراگراف نخست برمی‌آید، نویسنده موافق بسط تجربۀ حسی نیست.

سیزده. با مراجعه به متن، مشخص کنید هر یک از کلمات زیر، به کدام اسم یا اسامی قبل یا بعد خود معطوف می‌شود. (اختیاری)

۱. داستان (رمان) حاوی تخیل، موقعیتی فرضی، گفت‌وگویی پر تحرک، شخصیت‌هایی زنده، سبکی پرطراوت، جان‌دارانگاری، طنز، یا همه اینها است...................

۲. یک جمله یا کلمه، کودکان را بر می‌انگیزد .... و جست‌وجوی (کاوش) آنان آغاز می‌شود...................

۳. داستان‌ها به گونه‌ای نوشته می شوند که شماری از باورهای گوناگون فلسفی، به تصادف، در هر صفحه پخش شده باشد. کودکان، به دلیل کنجکاوی ذاتی خویش، حتماً با این باورها برانگیخته می شوند و دوست دارند که در آن باره با هم‌کلاسی‌های خود بحث و گفت‌وگو کنند...................

چهارده. جمله‌های زیر از متن انتخاب شده است. آن را به زبان خود بازنویسی کنید. (اختیاری)

۱. اگر مخاطب کتاب درسی، محققان نباشند و کتاب، کودکان را خطاب کند، شگردی برای برانگیختن مطالعه لازم می‌آید.

....

....

....

....

۲. فلسفه برای کودکان متعهد به بازساختن تاریخ فلسفه به کمک داستان و کتاب راهنما است؛ به این شکل که کودکان در معرض باورهای فلاسفه گوناگون درباره مسائلی قرار می گیرند که پذیرفته اند درباره‌اش تحقیق کنند.

....

....

....

....

۳. بدون عرضه رمزناکی تعارض و مخاطره آمیز بودن موقعیتی که هشیارانه زیسته شده است، دشوار است که فلسفه بتواند ارزش ویژه و زیبایی انتخاب خیر از سوی انسان را آشکار کند.

....

....

....

....

پانزده. مانند نمونه، ریشهٔ هر یک از کلمات را بیابید، و چند واژهٔ دیگر با این ریشه بنویسید. (اختیاری)

واژه	ریشه	مثال ۱	مثال ۲	مثال ۳
۱. کلمه	........ک..ل..م..........	.... تکلم............	.... کلام...........	.... کلیم...........
۲. تحرّک	....	....	....	....
۳. ظریف	....	....	....	....
۴. انتزاعی	....	....	....	....
۵. فهم	....	....	....	....
۶. معاصر	....	....	....	....
۷. جذاب	....	....	....	....
۸. عَرضه	....	....	....	....
۹. مخاطره	....	....	....	....
۱۰. ماجرا	....	....	....	....

شانزده. قسمت‌هایی را در متن بیابید که، به نظر شما، نویسندگان از بی‌طرفی فاصله گرفته، و جانبدارانه به موضوع موردبحث پرداخته‌اند. مختصراً بنویسید چگونه می‌توان موضوع را مورد کنکاش دوباره قرار داد. (اختیاری)

....

....

....

....

....

....

....

....

هفده. با مراجعه به سایر منابع و ادبیات تحقیق موجود، چه اطلاعات دیگری دربارهٔ موضوع ادبیات کودکان به دست می‌آورید؟ خلاصه‌ای از آن را بنویسید. (اختیاری)

....

....

....

درس دوازده 106

....
....
....
....
....

هجده. اکنون یک بار دیگر متن را به دقت بخوانید و خلاصهٔ آن را در ۱۵۰ تا ۲۰۰ کلمه بنویسید. (اختیاری)

....
....
....
....
....
....
....
....
....
....
....
....
....
....
....
....
....

107 درس دوازده

درس سیزده

ادیان ابراهیمی

یک. در گروه‌های دو یا سه‌نفره، به پرسش‌های زیر پاسخ دهید.

۱. ادیان ابراهیمی به کدام ادیان گفته می‌شود؟ پیروان این ادیان حدوداً چند نفر هستند؟
۲. چه تفاوت‌هایی در باورهای این ادیان وجود دارد؟
۳. چه شباهت‌هایی در ادیان ابراهیمی سراغ دارید؟
۴. در هرکدام از ادیان ابراهیمی، پیروان چه مکان‌هایی را مقدس می‌شمارند؟
۵. پیرامون تصویر زیر چه می‌دانید؟ چه افرادی برای این مکان احترام قائل هستند؟

دو. قسمت نخست متن را به سرعت بخوانید. نویسنده هنجارها را به چند دسته تقسیم کرده است؟
سه. در متن به چه هنجارهایی پیرامون ما و زمان مقدس اشاره شده است. برخی را نام بنویسید.

....

....

....

هنجارهای مکان مقدس

مقالهٔ حاضر هنگام ورود به مبحث "هنجارها" با این نکته مواجه شد که به نظر می رسد باید و نبایدهای موجود در سه کتاب مقدس تورات، انجیل و قرآن، خصلت هایی دارند که در برخی از موارد، متفاوت با خصلت‌های عام مورد بحث برای هنجارها در جامعه‌شناسی است. آنچه در جستجوی آن هستیم، به دلایلی فاقد خصلت های عام "هنجار" در مباحث جامعه‌شناسی است: زیرا بایدها و نبایدهای مذکور، اولاً آنگونه که جامعه‌شناسی مشخص می کند، منشأیی الزاماً از اجتماع و حاصل اکثریت یا میانگین جمعیت نیست و (...............................اول..)، آنچه در کتب مقدس به صورت هنجار مطرح شده ، قائم به زمان و مکان نیست. به همین دلیل مقاله، ضمن پیشنهاد عنوان گذاری جدیدی برای هنجارها آن ها را به دو دسته -۱ با منشأ "زمینی" -۲ با منشأ "آسمانی" قابل تقسیم دانست.

ادیان الهی به مفهوم امر مقدس و غیرمقدس به‌طور ویژه پرداخته اند و در علوم انسانی نیز تعاریف متعددی برای آنها مطرح شده است. مفهوم مکان و زمان مقدس تنها مربوط به ادیان الهی نمی‌شود بلکه در ادیان غیرالهی و نخستین نیز وجود داشته است. اما مستقیم‌ترین راه برای نزدیک شدن به معنای امر قدسی، ارتباط دادن آن با موجود لایتغیر و آن حقیقتی است که هم محرک لایتحرک و هم ماندگار است. از نظر انسان مذهبی مکان متجانس نیست و (.. ....دوم..). برای انسان مذهبی زمان نیز همچون مکان نه همانند است و نه مداوم و او دو نوع زمان مقدس و غیرمقدس را در زندگی خود تجربه می کند. یکی استمرار ناپایدار است و دیگری توالی ابدیت ها که به فواصل معین به هنگام آیین ها یی که تقویم مقدس را به وجود آورده بازیافتنی است.

با این مقدمه، مقاله متمرکز بر دستیابی به پاسخ دو سؤال شد. در پاسخ به سؤال نخست (گزاره‌های هنجاری مربوط به مکان‌ها و زمان‌های مقدس در سه کتاب مقدس چیست؟) ضمن ارائه ۵۹۶ گزاره هنجاری مربوط به ما و مکان‌ها و زمان‌های مقدس ، مشخص شد که می توان آن‌ها را در پنج دسته یا پنج مضمون اصلی جای داد. (.. ....سوم..). -۱ بایدها و نبایدها در رابطه ما و خانه خدا، -۲ بایدها و نبایدها در رابطه ما و عبادتگاه (کنیسه، کلیسا و مسجد) -۳ بایدها و نبایدها در رابطه ما و اعیاد و ایام مقدس. یک مضمون (بایدها و نبایدها در رابطه ما و اشیاء و سایر اماکن مقدس) در انجیل و تورات دیده شد، اما در قرآن مشاهده نشد. و یک مضمون (بایدها و نبایدها در رابطه ما و ماه‌های حرام) در قرآن وجود دارد، در حالی که در دو کتاب دیگر دیده نشد.

در پاسخ به سؤال دوم (مضامین گزاره‌های هنجاری مربوط به ما و مکان‌ها و زمان‌های مقدس چه مشابهت‌ها و تفاوت‌هایی با یکدیگر دارند؟) دیده شد که تورات به مراتب بیش از دو کتاب دیگر به بایدها و نبایدها در رابطه ما و مکان‌های مقدس پرداخته است، به طوریکه سهم گزاره‌های این حوزه در آن ۱۶ برابر قرآن و ۶. ۶ برابر انجیل است. همچنین اشیاء مقدس در تورات جایگاهی دارد که سهم آن در دو کتاب دیگر بسیار ناچیز است. انجیل به مراتب بیش از دو کتاب دیگر حاوی هنجارهای مرتبط با عبادتگاه (کلیسا، مسجد، کنیسه و......) است. تورات و با سهمی کمتر، انجیل مقولهٔ "ما و مکان‌های مقدس" را بیشتر به گونه باید مطرح کرده اند در حالیکه با ۹۹ درصد اطمینان، سهم باید و نبایدهای این مضمون در قرآن با یکدیگر یکسان و متفاوت با دو کتاب مقدس دیگر است.

در هر سه کتاب مقدس، می توان گزاره‌هایی هنجاری درباره خانه خدا یافت. آنچنانکه قرآن می گوید: خانهٔ خدا را برای طواف‌کنندگان، پاکیزه کنید + نگذارید مشرکان به مسجدالحرام نزدیک شوند. انجیل می خواهد خانهٔ خدا را مکان عبادت برای تمام قوم ها بدانید (نه قومی خاص) + و می گوید خانهٔ خدا را میعادگاه دزدان نسازید. و تورات می خواهد مکان مقدس خداوند را مورد احترام قرار دهید.

(.. چهارم.. ....). قرآن می گوید اگر به خدا ایمان آورده اید، مساجد خدا را آباد کنید + در مسجدها که از آن خداوندند - احدی را شریک خداوند قرار ندهید + از بیدادگرانی که نمی گذارند در مساجد خدا نام وی برده شود، نباشید. انجیل می گوید از حضور در مجالس

عبادت کلیسایی غافل نشوید + وقـتی در کلیسا جمع می شوید، سرود، تعلیم، زبان و مکاشفه هر یک از شما به زبان‌های مختلف یا با ترجمه، باید برای تقویت ایمان بکار رود + از کسانی که در عبادتگاه‌ها دوست دارند در صدر بنشینند نباشید.

در تورات گزاره‌های مربوط به مکان‌های مقدس، بیشتر معطوف به جزئیات مناسک است تا پاسداشت خود مکان مقدس. تورات می گوید صندوق الواه گواه را با طلای ناب از داخل و خارج روکش کن و برای پیرامون آن حاشیه ای از طلا بساز + زینت‌های گـل‌شکل چراغدان را از خود آن (طلا) بساز و از این قبیل.

در انجیل کمترین تعداد گزاره هنجاری درباره ما و زمان های مقدس می توان یافت،(.. ....پنجم...). سهم بایدها و نبایدهای این مقوله نیز در قرآن یکسان است، در حالی که در دو کتاب دیگر یکسان نیست.

در هر سه کتاب مقدس، هنجارهایی در رابطه ما و اعیاد و ایام مقدس مطرح شده است. تورات می گوید: سه بار در سال برای خداوند جشن بگیرید (عید فطیر، عید درو، عید جمع آوری محصولات). انجیل می خواهد: در روز سبت، نیکی کردن را روا بدانید. و قرآن می گوید: همچون کسانی که به [حکم] (تعطیلی) روز شنبه تجاوز می کردند، نباشید.

منبع: محسنیان راد، م. و باهنر، ن. (۱۳۹۰). هنجارهای مرتبط با مکان‌ها و زمان‌های مقدس در سه کتاب مقدس. *الهیات تطبیقی*، ۵(۲)، ۳۵-۷۲.

چهار. معنی هر یک از لغت‌های زیر را با توجه به متن بنویسید.

۱. مواجه...
۲. توالی...
۳. لایتحرک ....
۴. متجانس..
۵. کنیسه...
۶. گزاره...
۷. طواف...
۸. مکاشفه..
۹. بیدادگر..
۱۰. مناسک..

پنج. ابتدا جمع یا مفرد بودن هر یک از کلمات زیر را معین کنید؛ سپس شکل جمع یا مفرد آن را بنویسید.

۱. نکته..
۲. اجتماع...
۳. تعاریف ....
۴. فواصل...
۵. اعیاد...
۶. اشیاء...
۷. مراتب..
۸. توقع..
۹. تعلیم..
۱۰. ایام ....

شش. با هر یک از کلمات زیر یک جمله بسازید.

۱. استمرار ....
....
۲. فاقد ....
....
۳. مضمون ....
....

۴. پاسداشت ....

....

۵. میعادگاه ....

....

هفت. با توجه به متن، مشخص کنید هر یک از جملات زیر، درست است **(د)**، نادرست است **(ن)**، یا اشاره نشده است **(ا)**.

۱. ادیان الهی و غیرالهی هر دو به زمان و مکان مقدس توجه دارند.....................
۲. کمتر گزاره‌هایی پیرامون هنجارهای خانهٔ خدا در کتاب مقدس یافت می‌شود.....................
۳. تحلیل محتوای هنجارهای کتاب مقدس مسیحیان با دشواری‌هایی روبرو است.....................

هشت. با توجه به متن، به هر یک از پرسش‌های زیر به طور مختصر پاسخ دهید.

۱. به باور نویسندگان، انسان مذهبی چه رویکردی نسبت به زمان دارد؟

....

....

....

۲. سهم گزاره‌های تورات نسبت به انجیل و قرآن، به ترتیب چه میزانی است؟

....

....

....

۳. توصیه‌های انجیل برای حضور در کلیسا چیست؟

....

....

....

۴. چه هنجارهایی در کتب مقدس پیرامون اعیاد و ایام مقدس طرح گردیده است؟

....

....

....

نه. هر یک از جملات ذیل مربوط به یکی از نقطه‌چین‌های درون متن است. آن را در جای مناسب خود بنویسید. یکی از جملات اضافی است.

۱. صد البته این موارد محدود به مساجد و کلیساها نیست.
۲. ثانیاً به خلاف تعریف نظام هنجاری که مقید به زمان است.
۳. درحالی که تورات حاوی بیشترین گزاره‌های هنجاری درباره ما و زمان های مقدس است.
۴. پاره‌ای از مکان ها از مکان های دیگر متفاوتند که مقدس یا غیرمقدس می‌نامند.

۵. توقع انجیل از مخاطبان خود درباره کلیسا و کنیسه، در مقایسه با توقع قرآن درباره مسجد کمی وسیع‌تر است.
۶. نتیجه نشان داد که سه مضمون از پنج مضمون، در هر سه کتاب وجود دارد.

ده. شکل مناسب کلمات داخل پرانتز را در جای خالی بنویسید. شمارهٔ یک به عنوان نمونه پاسخ داده شده است.

۱. تعدادی از...........*مباحث*...........مطرح شده در جلسه را به صورت مکتوب دریافت خواهید کرد. (بحث)
۲. .... نرخ بیکاری در برخی کشورها دورقمی است. (میان)
۳. ساختار این گونه................................ متأثر در دوره‌های متعدد معماری است. (عبادت)
۴. درصد بالایی از................................ در این نوشتار دیده شده است. (شبیه)
۵. پژوهشگران موسسه با................................ خاطر یافته‌های خود را منتشر ساختند. (مطمئن)

یازده. کلمات را به فعل مربوط وصل کنید و معنی آن را بنویسید. در زیر برای هر فعل مرکب یک جمله بنویسید. (اختیاری)

۱. به نظر الف نشستن ....
۲. ایمان ب دادن ....
۳. در صدر ج رسیدن ....
۴. به کار د آوردن ....
۵. جای ه رفتن ....

....
....
....
....
....
....
....
....
....
....

دوازده. بدون مراجعه به متن و با توجه به معنی جمله، حرف اضافهٔ مناسب را انتخاب کنید. شاید بیش از یک پاسخ صحیح باشد. (اختیاری)

برای - با - در - از - بر - به

۱. این کلام سابقه‌ای طولانی................ ادیان الهی دارد.
۲. .... این مقدمه، نویسنده به سراغ اصل بحث خود می‌رود.

۳. نگارنده در عمدهٔ آثار خود............ موضوع بایدها و نبایدها پرداخته است.
۴. توصیهٔ استاد راهنما این بود که برای نگارش ادبیات تحقیق، نباید................. مطالعهٔ آخرین منابع پژوهشی غفلت ورزید.
۵. نظر هیئت رئیسه بیشتر معطوف................. خروجی‌های مکتوب پژوهشگران است.

سیزده. با مراجعه به متن، مشخص کنید هر یک از کلمات زیر، به کدام اسم یا اسامی قبل یا بعد خود معطوف می‌شود. (اختیاری)

۱. ادیان الهی به مفهوم امر مقدس و غیرمقدس به طور ویژه پرداخته‌اند و در علوم انسانی نیز تعاریف متعددی برای آنها مطرح شده است...............................
۲. همچنین اشیاء مقدس در تورات جایگاهی دارد که سهم آن در دو کتاب دیگر بسیار ناچیز است...........................
۳. تورات می‌گوید صندوق الواه گواه را با طلای ناب از داخل و خارج روکش کن و برای پیرامون آن حاشیه‌ای از طلا بساز ....

چهارده. جمله‌های زیر از متن انتخاب شده است. آن را به زبان خود *بازنویسی* کنید. (اختیاری)

۱. به نظر می‌رسد باید و نبایدهای موجود در سه کتاب مقدس تورات، انجیل و قرآن، خصلت‌هایی دارند که در برخی از موارد، متفاوت با خصلت‌های عام مورد بحث برای هنجارها در جامعه‌شناسی است.

....

....

....

....

۲. مستقیم‌ترین راه برای نزدیک شدن به معنای امر قدسی، ارتباط دادن آن با موجود لایتغیر و آن حقیقتی است که هم محرک لایتحرک و هم ماندگار است.

....

....

....

....

۳. در تورات گزاره‌های مربوط به مکان های مقدس، بیشتر معطوف به جزئیات مناسک است تا پاسداشت خود مکان مقدس.

....

....

....

....

درس سیزده 114

پانزده. مانند نمونه، ریشهٔ هر یک از کلمات را بیابید، و چند واژهٔ دیگر با این ریشه بنویسید. (اختیاری)

واژه	ریشه	مثال ۱	مثال ۲	مثال ۳
۱. کلمه	ك..ل..م.........	.... تکلم	.... کلام	.... کلیم
۲. فاقد	....	....	....	....
۳. مقوله	....	....	....	....
۴. متجانس	....	....	....	....
۵. مداوم	....	....	....	....
۶. توالی	....	....	....	....
۷. رابطه	....	....	....	....
۸. مطرح	....	....	....	....
۹. احترام	....	....	....	....
۱۰. صدر	....	....	....	....

شانزده. قسمت‌هایی را در متن بیابید که، به نظر شما، نویسندگان از بی‌طرفی فاصله گرفته، و جانبدارانه به موضوع مورد بحث پرداخته‌اند. مختصراً بنویسید چگونه می‌توان موضوع را مورد کنکاش دوباره قرار داد. (اختیاری)

....

....

....

....

....

....

....

هفده. با مراجعه به سایر منابع و ادبیات تحقیق موجود، چه اطلاعات دیگری دربارهٔ موضوع ادیان ابراهیمی به دست می‌آورید؟ خلاصه‌ای از آن را بنویسید. (اختیاری)

....

....

....

....

115 درس سیزده

....
....
....
....

هجده. اکنون یک بار دیگر متن را به دقت بخوانید و خلاصهٔ آن را در ۱۵۰ تا ۲۰۰ کلمه بنویسید. (اختیاری)

....
....
....
....
....
....
....
....
....
....
....
....
....
....
....
....
....
....
....

درس سیزده   116

درس چهارده

سینما

یک. در گروه‌های دو یا سه‌نفره، به پرسش‌های زیر پاسخ دهید.

۱. نام آخرین فیلمی که به زبان فارسی دیده اید چه بوده است؟
۲. شما چه اندازه با سینمای ایران آشنا هستید؟
۳. بیشتر کدام ژانرهای فیلم ایرانی را می‌پسندید؟ چند اثر را نام ببرید.
۴. فکر می‌کنید فیلم‌ها و تصویرهایی که از ایران هست، چقدر با ایران واقعی تفاوت دارد؟
۵. می‌دانید تصویر زیر متعلق به کدام فیلم است؟ کارگردان آن را می‌شناسید؟

دو. پاراگراف اول را بخوانید. تصور می‌کنید مقصود نویسنده از متاسینما چیست؟
سه. کل متن را بخوانید و بنویسید نویسنده به چه پارادوکسی در سینمای ایران اشاره می‌کند.

....

....

....

سینمای ایران پس از انقلاب

سینمای ایرانی از همان روزی که آغاز شد، تا به امروز درگیر مجادله بر سر جایگاه سینما در جامعه است. (.................. ....اول..........................). رابطه سینما و واقعیت رابطه‌ای پیچیده است، اما در جامعه ایرانی که مدرنیته را تهدیدی برای جامعه و فرهنگ اسلامی-ایرانی و به‌انحراف‌کشیدن آن می داند، اشکالی بخود می گیرد که به آنها اشاره کردیم. از یک طرف روایت سینمایی بـه مـثابه روایتی توهمی نفی می شود. و از طرف دیگر روایت سینمایی چیزی همچون روایت مستند قلمداد می شود. در *کلوزآپ*، روایت سینمای فانتزی است که نباید باورش کرد و در *سلام سینما*، سینما درست همچون واقعیت، حقیقت دارد. اما در میکس، روایت سینمایی به عنوان فرمی مستقل پذیرفته می شود. (..دوم.. ....). چیزی که در فیلم *وقتی همه خواب بودیم*، نیز به چشم می خورد و اما همین ناممکن‌بودن خلق فرم سینمایی، همان فرم سینمایی ایرانی است. همان مدرنیته‌ای که با تمام درگیریهایش برسر تـقابل، آشـتی، گرفتن و نگرفتن، همین تردیدها و گـرفتن و نـگرفتن ها و همین تضاد برسر رد و انکار و تعدیل، شکل خاص تجربه مدرنیته ایرانی را برمی سازد. شکلی متشکل از نوستالژی گذشته و نوستالژی برای مدرنیته‌ای کامل و به عبارت دیگر شکلی مـتشکل از آشـتی - با بازگشت به گـذشته و یا با جهش به آینده.

وجه مشترک در همه این فیلم ها جایگاه عینی سینما است. این عنصر به شیوه ای پروبلماتیک به تصویر کشیده می شود. در این میان فیلم هایی همچون *ناصر الدین شاه آکتور سینما* تاریخ مشترک سینما و سیاست را به تصویر می کشد. در *کلوزآپ* سعی می شود تأثیرات منفی سینما برتخیل مخاطب به "بازی" گرفته شود. *سلام سینما* در فضای پارادوکسیکال بر واقعی‌بودن سینما و مجاورت سینما و زندگی روزمره تاکید می کند. اما میکس اساساً خلق فرم سینما در ایران را به دلایل درونی و بیرونی به چالش می کشد. (... سوم..)، شیوه هایی است که این سینمای جدید رابطه بین امر واقع و فانتزی را به تصویر می کشد - روایت داستانی و سینمای رئالیستی مستند - اصلی‌ترین ویژگی مشترک این سینما در بسیاری از آثارش بر مشابهت ها و مجاورت های زندگی روزمره و اعمال هر روزه فیلمساز تأکید می کند. این ژانر از سینما در ایران (فیلم درباره فیلم) همواره سعی در متقاعدکردن خود و دیگران دارد، متقاعدکردن برای باور بـه اینکه سینما توانایی و صلاحیت دسترسی و بازنمایی زندگی واقعی یا واقعیت را دارد. (.................. ....چهارم..). اما آنچه ضمناً بر آن تاکید می شود، صداقت فیلم ها در بازنمایی جهان بیرونی نیز هست. *سلام سینما* درون و بیرون فیلم را آنچنان کمرنگ جلوه می دهد که سوژه سینما و زندگی واقعی یکی می شوند. اما چرا؟ اگر زمینه‌های تاریخی-اجتماعی سینما و به طور کلی هنر رابطه آن با سیاست و دولت را به یاد داشته باشیم، دلیل این کیفیت خاص، به نزاع افلاطونی هنر و جامعه برمی گردد. اما این نزاع اشکال متفاوتی به خود می گیرد. در میکس و *وقتی همه خوابیم* ، سینما به دلایل درونی و بیرونی ناممکن می شود. اما در فیلم های دیگر نگاهی ابزاری به سینما و در نتیجه به تکنولوژی حاکم است. در *سلام سینما*، سینما و زندگی واقعی همسان تلقی می شوند ، در *ناصرالدین شاه* سینمای واقعی و خوب از سینمای منحرف تفکیک می شوند، در این فیلم ها از سینما می توان به مثابه ابزاری مثبت و مفید استفاده کرد. در *کلوزآپ* بـر فریب بودن روایت سینمایی تأکید می‌شود، بیشتر به این دلیل که توهم جستجوی فانتزی را از مخاطب بگیرد. در این فیلم سینما مخرب نظم متعارف امور است و همیشه همچون کلیت مدرنیته در مقام تهدید حضور دارد.

پارادوکس متاسینمای ایرانی در این است که همیشه سعی دارند توهمی بودن سینما را نشان دهند، در حالی که قضیه همان اندازه هم به نشان دادن توهمی بودن واقعیت برمی گردد. سینما خود به ما یادآور می شود کـه امـر اجـتماعی/ واقعی و

امر سینمایی/ داستانی دو روی یک سکه اند و (.............................پنجم...............................
..................) اما امر اجتماعی را دست‌نخورده به حال خود رها کنیم، رهاکردنی که اتفاقا در *کلوزآپ* و *سلام سینما* همان شکاف برساختن این فیلم‌هاست. این فیلم ها با توهمی نشان‌دادن سینما، اولویت و ارجحیت را به واقعیت اصیل اجتماعی می‌بخشند. بهای این پارادوکس قربانی‌کردن فانتزیهایی از قبیل فانتزی سبزیان یعنی همان ابعاد داستانی واقعیت به بهای تثبیت هرچه بیشتر ابعاد واقعی داستان کارگردان است. در حالی که اتفاقا مهم نشان‌دادن جنبه‌های داستانی واقعیت است. در هر حال این پارادوکس همواره سیاسی باقی خواهد ماند، چرا که نشان دادن ابعاد فانتزیک واقعیت جایگاه آپاراتوس سینمایی را به مثابه فرمی که احتیاج به دلیل وجودی دارد، با خطر مواجه خواهد ساخت.

در نهایت بررسی روایت سینمایی ایران از سینما به مثابه بعدی از مدرنیته، سه شکل متفاوت از مونتاژ مناسبات سینما و جامعه ارائه می دهد: سینما در جایگاه تهدیدی برای نظم امور، امری حقیقی در مجاورت زندگی روزمره و سینما به مثابه فرمی که در خلق آن ناتوان هستیم.

منبع: آزاد ارمکی، ت. و خالق پناه، ک. (۱۳۹۰). سینما درباره سینما: متاسینما در سینمای ایران پس از انقلاب اسلامی و مجادله بر سر خود سینما. *مطالعات فرهنگی و ارتباطات*، ۲۵ (۷)، ۷۱-۹۶.

چهار. معنی هر یک از لغت های زیر را با توجه به متن بنویسید.

۱. مجادله.. ۶. تعدیل ....
۲. فانتزی .... ۷. متشکل..
۳. فُرمی .... ۸. نزاع ....
۴. تقابل.. ۹. تلقی..
۵. انکار .... ۱۰. متعارف ....

پنج. ابتدا جمع یا مفرد بودن هر یک از کلمات زیر را معین کنید؛ سپس شکل جمع یا مفرد آن را بنویسید.

۱. جایگاه.. ۶. توهم..
۲. روایت .... ۷. خطر ....
۳. مستند.. ۸. بررسی..
۴. مخاطب .... ۹. مناسبات..
۵. ژانر .... ۱۰. امر..

شش. با هر یک از کلمات زیر یک جمله بسازید.

۱. تضاد ....
....
۲. به مثابه ....
....
۳. ارجحیت ....
....

۴. کلیت ....

....

۵. مخرب ....

....

هفت. با توجه به متن، مشخص کنید هر یک از جملات زیر، درست است **(د)**، نادرست است **(ن)**، یا اشاره نشده است **(ا)**.

۱. تنها رویکرد رایج به سینمای ایرانی همواره به نفی آن پرداخته است.....................
۲. در بخش نخست این نوشتار، نویسنده از فیلم‌هایی یاد می کند که در یک مقوله اشتراک دارد.....................
۳. نویسنده می کوشد شالودهٔ بحث خود را بر نزاع افلاطون و سقراط بنا کند.....................

هشت. با توجه به متن، به هر یک از پرسش‌های زیر به طور مختصر پاسخ دهید.

۱. نویسنده چه مجادله‌ای در سینمای ایران را بر سر جایگاه سینما طرح می‌کند؟

....

....

....

۲. نویسنده در بحث خود، از چه فیلم‌هایی یاد کرده است؟

....

....

....

۳. به زعم نویسنده، پارادوکس متاسینمای ایرانی چیست؟

....

....

....

۴. بررسی ارتباط سینما و جامعه در ایران، چه نتایجی را پیش روی ما می‌نهد؟

....

....

....

نه. هر یک از جملات ذیل مربوط به یکی از نقطه‌چین‌های درون متن است. آن را در جای مناسب خود بنویسید. یکی از جملات اضافی است.

۱. بنابراین نمی‌توان امر سینمایی را توهم دانست.
۲. در این فیلم ها زندگی و واقعیت حوزه های جداازهم فرض نمی شوند، بلکه شدیداً به‌هم‌پیوسته هستند.
۳. یکی از ویژگی های سینمای ایران پس از انقلاب که ما را مستقیماً به متن تجربه مدرنیته ایرانی پرتاب می‌کند.
۴. اما شرایط اجتماعی-سیاسی و اقتصادی و فرهنگی جامعه ایرانی خلق فرم سینمایی را ناممکن ساخته است.
۵. روایت متاسینمایی ایرانی را می‌توان به عنوان مشارکت در این بحث فهمید.

121 درس چهارده

۶.   لیکن این سینما را باید از دو منظر متفاوت مورد بررسی و نقد قرار داد.

ده. شکل مناسب کلمات داخل پرانتز را در جای خالی بنویسید. شمارهٔ یک به عنوان نمونه پاسخ داده شده است.

۱.   ....اساساً.........نمی‌توان میان امر واقع و خیال در آثار هنری تمایز قائل شد. (اساس)
۲.   این هیئت.............. از چهار عضو دائمی است. (شکل)
۳.   محل سکونت ایشان در.............. بانک مرکزی شهر قرار دارد. (جوار)
۴.   این صحنه‌ها.............. سختی‌های فراوانی است که افراد در جنگ متحمل شده‌اند. (یاد)
۵.   طرح‌های.............. اسلیمی را می‌توان در برخی معماری‌های معاصر نیز مشاهده نمود. (اصل)

یازده. کلمات را به فعل مربوط وصل کنید و معنی آن را بنویسید. در زیر برای هر فعل مرکب یک جمله بنویسید. (اختیاری)

۱.   به چشم   الف ساختن   ....
۲.   به بازی   ب کشیدن   ....
۳.   به چالش   ج خوردن   ....
۴.   مواجه   د شدن   ....
۵.   یکی   ه گرفتن   ....

....

....

....

....

....

....

....

....

دوازده. بدون مراجعه به متن و با توجه به معنی جمله، حرف اضافهٔ مناسب را انتخاب کنید. شاید بیش از یک پاسخ صحیح باشد. (اختیاری)

برای - با - در - از - بر - به

۱.   تا.............. این لحظه، خبری از زلزلهٔ اخیر مخابره نشده است.
۲.   یکی از مدعوین سعی در.............. انحراف کشیدن موضوع بحث داشت.
۳.   درگیری.............. سر برخی سرزمین‌های مورد مناقشه است.
۴.   نمی توان.............. بازگشت به گذشته، خطاهای محاسباتی را جبران نمود.
۵.   علیرغم تلاش ایشان.............. متقاعد ساختن طرفین دعوا، نتیجه‌ای حاصل نشد.

سیزده. با مراجعه به متن، مشخص کنید هر یک از کلمات زیر، به کدام اسم یا اسامی قبل یا بعد خود معطوف می شود. (اختیاری)

۱. رابطه سینما و واقعیت رابطه‌ای پیچیده است، اما در جامعه ایرانی که مدرنیته را تهدیدی برای جامعه و فرهنگ اسلامی-ایرانی و به‌انحراف‌کشیدن آن می‌داند، اشکالی بخود می‌گیرد که به آنها اشاره کردیم..................

۲. وجه مشترک در همه این فیلم ها جایگاه عینی سینما است. این عنصر به شیوه ای پروبلماتیک به تصویر کشیده می‌شود..........................

۳. در نهایت بررسی روایت سینمایی ایران از سینما به مثابه بعدی از مدرنیته، سه شکل متفاوت از مونتاژ مناسبات سینما و جامعه ارائه می‌دهد: سینما در جایگاه تهدیدی برای نظم امور، امری حقیقی در مجاورت زندگی روزمره و سینما به مثابه فرمی که در خلق آن ناتوان هستیم..........................

چهارده. جمله‌های زیر از متن انتخاب شده است. آن را به زبان خود *بازنویسی* کنید. (اختیاری)

۱. اگر زمینه‌های تاریخی-اجتماعی سینما و به طورکلی هنر رابطه آن با سیاست و دولت را به یاد داشته باشیم، دلیل این کیفیت خاص، به نزاع افلاطونی هنر و جامعه برمی‌گردد.

....

....

....

....

۲. پارادوکس متاسینمای ایرانی در این است که همیشه سعی دارند توهمی‌بودن سینما را نشان دهند، در حالی که قضیه همان اندازه هم به نشان دادن توهمی بودن واقعیت برمی‌گردد.

....

....

....

....

پانزده. مانند نمونه، ریشهٔ هر یک از کلمات را بیابید، و چند واژهٔ دیگر با این ریشه بنویسید. (اختیاری)

	واژه	ریشه	مثال ۱	مثال ۲	مثال ۳
۱.	کلمه	........ک..ل..م..........	.... تکلم............	.... کلام............	.... کلیم............
۲.	مجادله	....	....	....	....
۳.	انحراف	....	....	....	....
۴.	أشکال	....	....	....	....
۵.	توهمی	....	....	....	....
۶.	حقیقت	....	....	....	....

۱۲۳ درس چهارده

مثال ۳	مثال ۲	مثال ۱	ریشه	واژه
....	....	....	....	۷. تقابل
....	....	....	....	۸. تردید
....	....	....	....	۹. تضاد
....	....	....	....	۱۰. انکار

شانزده. قسمت‌هایی را در متن بیابید که، به نظر شما، نویسندگان از بی‌طرفی فاصله گرفته، و جانبدارانه به موضوع مورد بحث پرداخته‌اند. مختصراً بنویسید چگونه می‌توان موضوع را مورد کنکاش دوباره قرار داد. (اختیاری)

....

....

....

....

....

....

هفده. با مراجعه به سایر منابع و ادبیات تحقیق موجود، چه اطلاعات دیگری دربارهٔ سینمای ایران به دست می‌آورید؟ خلاصه‌ای از آن را بنویسید. (اختیاری)

....

....

....

....

....

....

....

هجده. اکنون یک بار دیگر متن را به دقت بخوانید و خلاصهٔ آن را در ۱۵۰ تا ۲۰۰ کلمه بنویسید. (اختیاری)

....

....

درس چهارده   **124**

125 درس چهارده

....

....

....

....

....

....

....

کلید پیشنهادی

۱. ممکن است پاسخ‌هایی غیر از آنچه در این کلید آمده است درست باشد.
۲. برخی از واژگان این پاسخنامه در فارسی کمتر استفاده می شود.
۳. برای اطلاع از استفادهٔ دقیق هر کدام از واژگان، از معلم خود و یا فرهنگ‌های واژگان کمک بگیرید.

درس یک

چهار.

۱. رنگ هایی؛ اندیشه هایی
۲. اشاره شده؛ فحوایی؛ غیرمستقیم
۳. آسان‌گیری؛ مسامحه
۴. وحشیانه؛ ددمنشانه
۵. بینش کلی
۶. بازشناختن؛ تشخیص؛ تفکیک
۷. مانند؛ همانند
۸. تایید؛ پذیرش
۹. ادب آموختگی؛ علم آموختگی
۱۰. جنبش؛ ارتعاش؛ لرزش

پنج

۱. جمع - م ارجاع
۲. مفرد - ج سنت ها؛ سُنَن
۳. مفرد - ج قرن ها؛ قرون
۴. جمع - م خط
۵. مفرد - ج مفاهیم؛ مفهوم ها
۶. جمع - م شِکل
۷. جمع - م تفسیر
۸. جمع - م سَلَف
۹. جمع - م تنوع
۱۰. جمع - م اَمر (جمع الجمع این واژه هم استفاده می شود: امورات)

شش.

۱. متوالی
۲. مناقشه
۳. خصلت
۴. مجزا
۵. تنگاتنگ
۶. قابلیت
۷. همزیستی
۸. شاخص
۹. تلقی
۱۰. روزمرّه

هفت.

۱. نادرست ۲. درست ۳. نادرست

هشت.

۱. استعمارگران فرانسوی در اواخر قرن ۱۹، شعار"مأموریت متمدن‌ساز" را مطرح کردند کسی درباره بی‌همتایی و جهان‌شمول بودن تمدنی که به آن اشاره داشتند، تردید نکرد.
۲. اگر عده‌ای تلاش می کنند در جهان افسون‌زدهٔ مدرن مفهوم تمدن را به یکی از "مطلق های بدیل" تبدیل کنند؛ درسوی دیگر بسیاری از منتقدان سعی می کنند از"تمدن ها" به عنوان مفهومی خنثی استفاده کنند
۳. این ایده‌ها عبارتند از: خرد، تجربه‌گرایی، علم، عام‌گرایی، پیشرفت، فردگرایی، تساهل و مدارا، آزادی، همسانی ماهیت انسان و عرفی‌شدن.
۴. بیشتر مناقشه‌ها و تفاسیر ایدئولوژیک را دامن زد تا مناقشه‌های نظری.

نه.

۱. سه ۲. شش ۳. پنج ۴. چهار ۵. دو

ده.

۲. بی همتایی
۳. نظریه پردازان
۴. مرتبط
۵. منتقدان

یازده.

۱. تائید کردن: پذیرفتن؛ قبول کردن؛ صحه نهادن
۲. مترادف بودن: هم ردیف بودن؛ هم معنی بودنی؛ یکسان بودن
مترادف دانستن: هم معنی فرض کردن؛ یکسان پنداشتن
۳. پیش کشیدن: موضوعی را مطرح کردن؛ صحبتی را شروع کردن
پیش کردن: حیوانات یا گله ای را به جلو راندن (در نوشتار علمی کم کاربرد است)
۴. ظهور کردن: پدیدار شدن؛ ظاهر شدن
اشاره داشتن: دلالت داشتن بر
۵. ارتباط داشتن: مرتبط بودن؛ متصل بودن
۶. نقل کردن: گفتن؛ بیان نمودن
۷. درهم تنیدن: کاملاً با یکدیگر ربط داشتن؛ به هم پیچیده شدن
۸. حفظ کردن: نگه داشتن؛ مراقبت کردن؛ ادامه دادن
درهم کشیدن (صورت): روی ترش کردن؛ چهره را عصبانی نشان دادن
۹. اشاره کردن: ذکر کردن؛ با دست نشان دادن
۱۰. وجود داشتن: بودن؛ حاضر بودن

دوازده.

۱. دامن زدن به چیزی: بیشتر به آن پرداختن؛ آتش مسئله ای را شعله‌ور ساختن
۲. دور داشتن از چیزی: حفظ کردن؛ مراقبت کردن؛ جلوگیری نمودن از اتفاقی
۳. بی هیچ بحثی: بدون هیچ تردیدی؛ خالی از هرگونه امّا و اگر؛ به اتفاق آراء
۴. چیزی را (در) مقابل چیز دیگر قرار دادن: مقایسه کردن دو چیز؛ سنجیدن دو چیز در قیاس باهم
۵. در حاشیه واقع شدن | در حاشیهٔ چیزی قرار گرفتن: غیر مهم جلوه کردن؛ نادیده گرفته شدن

سیزده.

۱. با ۲. از ۳. به ۴. با ۵. به

چهارده.

۱. آن: یک چیز
۲. این: تاریخ انواع انسان‌ها
۳. این: (تنوعات) و تضادها | آنها: مفاهیم اساسی نظریه اجتماعی

پانزده.
پاسخ‌های متفاوتی می توان برای این سؤال ارائه کرد.

شانزده.

	واژه	ریشه	مثال ۱	مثال ۲	مثال ۳
۲.	تساهل	س-ه-ل	تسهیلات	سهل انگار	سهل الوصول
۳.	تبدیل	ب-د-ل	بدیل	تبادل	مبدّل
۴.	تفکر	ف-ک-ر	متفکّر	فکور	افکار
۵.	تکامل	ک-م-ل	تکمیل	مکمّل	کمال
۶.	مفهوم	ف-ه-م	تفهیم	فهم	فاهمه
۷.	توسعه	و-س-ع	موسع	وسیع	وُسعت
۸.	صورت	ص-و-ر	تصویر	تصوّر	مصوّر
۹.	تعریف	ع-ر-ف	عرفان	معرّف	عارف
۱۰.	جامعه	ج-م-ع	تجمیع	مجموعه	اجتماع

هفده.

۱. آغاز شدن جنگی نو
۲. مبهم بودن؛ نامفهوم بودن
۳. در کنار چیزی قرار گرفتن؛ با چیزی سازگاری داشتن؛ مانند چیزی شدن

هجده.

۱. از
۲. که
۳. را
۴. به
۵. تعظیم

درس دو

چهار.

۱. وضوع؛ مبحث؛ زمینه
۲. مهاجرت کننده؛ کوچ کننده
۳. ساختار، مؤلفه
۴. تأثیر متقابل
۵. پیکرهٔ کوچک؛ مجسمهٔ کوچک
۶. محرز؛ استوار؛ مستند؛ قطعی شده
۷. آفرینش؛ ایجاد؛ پیدایش؛ هست کردن
۸. زیرین؛ فرودین؛ زیری
۹. نوعی خانه است؛ آلونک
۱۰. میرا؛ ناپایدار؛ نمان

پنج.

۱. مفرد - ج دوره ها
۲. جمع - م شاهد
۳. جمع - م مصنوعه (مفرد این واژه در فارسی استفاده نمی شود)
۴. مفرد - ج محیط ها
۵. جمع - م بُعد
۶. جمع - م رُکن
۷. جمع - م حبوب (مفرد حبوب "حب/حبه" است) (واژه "حبوب" در معنای مفرد کمتر در فارسی استفاده نمی شود)
۸. مفرد - ج دامداران
۹. مفرد - ج منطقه ها؛ مناطق
۱۰. مفرد - ج موردها؛ موارد

شش.

۱. استراتژی
۲. معیشت
۳. ایستا
۴. ماهیت
۵. کمابیش
۶. خشت
۷. رده
۸. مصالح
۹. اسکان؛ ثبات
۱۰. چینه

هفت.

۱. نادرست
۲. ا–ن
۳. نادرست

هشت.

۱. این که سازه‌ها و الگوی استقراری جوامع در دورهٔ نوسنگی متأثر از نوع اقتصاد معیشتی بر پایهٔ کوچ گری - دامداری - بوده است.
۲. از اواسط هزارهٔ هشتم پ.م، استفاده از بز و گوسفند در کنار شکار، به عنوان یکی از ارکان اصلی اقتصادی مطرح است.
۳. اینکه تا حدود ۵۰-۶۰ سال پیش، کوچ‌گران اصلًا اشتغالی به کشت و زرع نداشته‌اند.
۴. عناصر مختلف معماری سبک نظیر شاخ و برگ درختان، چینه، و مواد کم‌دوام گلی

نه.

۱. شش
۲. چهار
۳. یک
۴. سه
۵. دو

ده.

۲. حفظه ای؛ حفاظی
۳. مرتفع
۴. ابتدایی
۵. مذکور؛ فوق الذکر؛ سابق الذکر

یازده.

۱. نشان دادن: نمایش دادن؛ آشکار کردن؛ به تصویر کشیدن
نشان کردن: علامت گذاشتن؛ (در کاربرد عامیانه) انگشتری در دست دختر کردن و وی را نامزد کردن
۴. به کاری پرداختن: مشغول کاری شدن؛ حواس خود را جمع کاری کردن
۵. بسط یافتن: توسعه یافتن؛ کلان شدن
بسط دادن: توسعه دادن؛ به تفصیل گفتن؛ شرح دادن

۲. مطرح کردن: طرح بحث کردن؛ موردبحث گذاشتن؛ سخن چیزی را پیش کشیدن

مطرح بودن: اهمیت داشتن؛ سرشناس بودن

۳. ظاهر کردن: [برای عکس] بر روی کاغذ چاپ کردن
ظاهر شدن: پدیدار شدن؛ نمایان شدن؛ قابل رؤیت شدن

۶. روشن بودن: واضح بودن؛ مبرهن بودن؛ آشکار بودن
روشن کردن: [وسیله ای را] از حالت خاموشی درآوردن؛ استارت زدن
روشن شدن: واضح شدن؛ آشکار شدن؛ از ابهام درآمدن

۷. تشکیل دادن: سازمان دادن؛ برگزار کردن؛ برپا کردن
تشکیل شدن: برگزار شدن؛ ترکیب یافتن از؛ درست شدن از

۸. در دسترس بودن: مهیا بودن؛ قابل استفاده بودن؛ فراهم بودن

۹. ساخته شدن: تشکیل شدن از

۱۰. طی کردن: سپری کردن؛ پشت سر گذاشتن؛ تمام کردن
طی شدن: اتمام یافتن؛ به انتها رسیدن؛ سپری شدن

دوازده.

۱. سروکار داشتن با چیزی: با چیزی تعامل داشتن؛ دادوستد داشتن
۲. سخن به میان آوردن از چیزی: پیرامون چیزی حرف زدن؛ صحبت چیزی را پیش کشیدن
۳. به سمت [/سوی] چیزی تمایل داشتن: به چیزی گرایش داشتن؛ به سوی چیزی متمایل بودن
۴. به بیراهه نرفتن: اشتباه برداشت نکردن؛ غلط نپنداشتن
۵. گویای مطلبی بودن: نشانگر مطلبی بودن؛ اثبات مطلبی بودن

سیزده.

۱. در ۲. به؛ بر ۳. با ۴. چه ۵. از

چهارده.

۱. الگوی استقرار دورهٔ نوسنگی و نمونه‌های امروزی در زاگرس
۲. دست‌ساخته‌های سنگی و تسهیلات غیرقابل‌حمل و مرتبط با آسیاب کردن و کوبیدن
۳. ارجاع به کل جملهٔ قبل: [احتمال اینکه] این ها به طور مستقل و جدا از هم تکوین، رشد و بسط یافته باشند.

پانزده.
پاسخ های متفاوتی می توان برای این سؤال ارائه کرد.

شانزده.

	واژه	ریشه	مثال ۱	مثال ۲	مثال ۳
۲ .	سکونت	س-ک-ن	مَسکن	اسکان	تسکین
۳ .	معماری	ع-م-ر	عُمران	عمارت	تعمیر
۴ .	شباهت	ش-ب-ه	شبیه	مشابه	تشبیه
۵ .	حرکت	ح-ر-ک	محرّک	تحریک	حرکتی
۶ .	ارتفاع	ر-ف-ع	رفیع	مرتفع	مرفوع
۷ .	مطالعه	ط-ل-ع	طلوع	طالع	مَطلع (شعر)
۸ .	زرع	ز-ر-ع	زارع	مزرعه	زراعت
۹ .	مسلط	س-ل-ط	سلطان	تسلط	سُلطه
۱۰ .	حاصل	ح-ص-ل	حصول	محصول	تحصیل

هفده.

۱. نمونهٔ بارز چیزی بودن
۲. غایب بودن چیزی یا موضوعی؛ فقدان موضوع یا مطلبی
۳. مهم ترین قسمت از فعالیتی بودن

هجده.

۱. به
۲. اگرچه
۳. پس؛ بعد
۴. در؛ به
۵. ای

درس سه

چهار.

۱. غیرقابل تحمل؛ توان فرسا؛ سخت؛ دشوار؛
۲. وطن؛ سرزمین مادری؛ زادگاه
۳. قلعه؛ جای مستحکم و مقاوم
۴. به دنبال؛ در دنبال؛ در پَس
۵. طرح؛ خیال؛ فرضیه؛ گمان
۶. روحانی زرتشتی؛ پیشوای زرتشتی
۷. پراکندن؛ انتشار دادن؛ گسترش دادن
۸. آشفته؛ ناامن؛ متلاطم؛ ناآرام
۹. اهل ذوق؛ افراد خوش سلیقه؛ خوش قریحه
۱۰. بخشش خواستن؛ در طلب عفو رفتن؛ کنایه از تلاش نمودن برای بهبود وضعیت

پنج.

۱. جمع - م نیا
۲. جمع - م نواده (در برخی موارد در عوض جمع واژهٔ "نوه" استفاده می شود)
۳. جمع - م جامعه
۴. مفرد - ج بازرگانان
۹. جمع - م مغول
۱۰. جمع - م روحانی
۵. جمع - م طبقه
۶. مفرد - ج آیین ها
۷. جمع - م شریطه (در فارسی، از مفرد این واژه یعنی "شریطه" استفاده نمی شود و معمولاً شرایط را جمع "شرط" می پندارند)
۸. جمع - م حاکم

شش.

۱. انقراض
۲. عصر
۳. رفته رفته
۴. پاسداری
۵. دیرین
۶. مصدر
۷. یورش؛ تهاجم؛ تاخت وتاز
۸. هراس
۹. بذله
۱۰. مداحی

هفت.

۱. نادرست
۲. درست
۳. اشاره نشده

هشت.

۱. رفتار مسلمانان با مزدیسنان در عصر اموی به ویژه در فارس و خراسان رفته رفته اهانت‌آمیز و طاقت‌فرسا گردید و به همین خاطر بود که گروهی از آنان در پاسداری از دین نیاکان خود، زادوبوم دیرین را رها کردند و از دژ سنجان در خواف نیشابور بیرون آمده، نخست به قهستان خراسان و ازآنجا راه جزیره هرمز را پیش گرفتند و سرانجام در پی یافتن کوچ نشینی در گجرات از راه خلیج فارسی راهی دیار هند شدند.
۲. -۱ حمله ی اعراب، -۲ یورش های غزنویان، -۳ تهاجم مغولان، -۴ سیاست های عصر صفویه.
۳. امیران و سربازان غزنوی برای حفظ و اداره‌ی مناطق مفتوحه در سرزمین هند به ویژه در شهرهای لاهور، مولتان و سند ماندگار شدند و لاهور را به عنوان پایتخت خویش برگزیدند و سربازان بسیار در آنجا گرد آورند.
۴. پس از تسخیر هند به وسیله محمّد بن قاسم ثقفی در سال های آغازین سده‌ی هشتم میلادی و راه‌یافتن گروه بیشتری از مسلمانان به آن دیار، کوچ‌ها و مهاجرت‌های فردی و گروهی ایرانیان به هند فزونی یافت.

نه.

۱. نه
۲. یک
۳. شش
۴. دو
۵. پنج

ده.

۲. تبلیغات
۳. پرستش
۴. استمرار
۵. وعظ

یازده.

۱. پیشی گرفتن: سبقت گرفتن؛ [در مسابقه] جلو زدن
۲. انتشار دادن: منتشر ساختن؛ نشر دادن
انتشار یافتن: منتشر شدن
۳. صورت گرفتن: اتفاق افتادن
۴. رواج دادن: رایج کردن؛ ترویج کردن
رواج یافتن: رایج شدن
۵. حکومت کردن: حکم راندن؛ حکمرانی کردن
۶. ویران ساختن: خراب کردن
میران کردن: میران ساختن
ویران شدن: خراب شدن
۷. خشنود ساختن: خوشحال کردن
خشنود کردن: خشنود ساختن
خشنود شدن: شادمان شدن
۸. نقش بستن: شکل گرفتن؛ تشکیل شدن
۹. فزونی یافتن: افزایش یافتن
۱۰. ادامه دادن: دنبال کردن؛ رها نکردن
ادامه یافتن: امتداد یافتن

دوازده.

۱. در ذهن شکل گرفتن؛ در ذهن کامل شدن
۲. در خون غرقه شدن؛ نقش زمین شدن و جان دادن
۳. شتافتن؛ مرحوم شدن؛ مردن
۴. به نتیجه رسیدن؛ جمع بندی کردن؛ کار را تمام کردن
۵. ترجیح دادن چیزی بر چیز دیگر؛ انتخاب کردن مورد بهتر از میان دو یا چند چیز

سیزده.

۱. از ۲. به ۳. از ۴. به ۵. در

چهارده.

۱. آنان: مزدیسنان
۲. مغ های زرتشتی
۳. بسیاری از ارباب ذوق و کمال و شوق | شاعر، واعظ، نویسنده، و هر هنرمندی

پانزده.

پاسخ‌های متفاوتی می توان برای این سؤال ارائه کرد.

شانزده.

واژه	ریشه	مثال ۳	مثال ۱	مثال ۲
۲. موقعیت	و-ق-ع	موقع	واقع	واقعیت
۳. رَبع	ر-ب-ع	رُباعی	مربع	ربیع
۴. تقریباً	ق-ر-ب	قُرب	قریب	مقرّب
۵. شوق	ش-و-ق	مشوق	مشتاق	تشویق
۶. تهاجم	ه-ج-م	هجوم	هجمه	مهاجم
۷. امیر	ا-م-ر	آمر	امر	مأمور
۸. مفتوحه	ف-ت-ح	فاتح	افتتاح	مفتاح
۹. مؤثر	ا-ث-ر	تأثیر	آثار	اثیری
۱۰. رواج	ر-و-ج	ترویج	رایج	مروّج

هفده.

۱. در زمرهٔ چیزی بودن؛ ذیل چیزی قرار داشتن
۲. پخته شدن؛ پا گرفتن؛ به بلوغ و تکامل رسیدن
۳. طی کردن امور زندگی؛ سپری کردن زندگی

هجده.

۱. به
۲. یکی؛ نیز؛ هم
۳. میان
۴. شد
۵. در

درس چهار

چهار.

۱. جامع؛ عام؛ کلی
۲. ساختارهای کلان
۳. نابود کردن؛ هلاک کردن؛ تلف کردن
۴. بوروکراسی؛ دیوان سالاری
۵. تازه‌ساز؛ نوپا؛ جدیدالتأسیس
۶. کاغذبازی؛ دیوانی گری؛ دیوان سالاری
۷. دوطرفه؛ دوگانه
۸. کُنشیار
۹. جزایی؛ منسوب به کیفر جزایی
۱۰. اصلاح کننده؛ مرمت کننده

پنج.

۱. جمع - م هدف
۲. جمع - م عملیه [در فارسی استفاده نمی شود]
۳. مفرد - ج مشاوران؛ مشاورها
۴. مفرد - ج نمایندگی ها
۵. جمع - م شهروند
۶. جمع - م اجتماع
۷. مفرد - ج آیین نامه ها
۸. مفرد - ج لوایح؛ لایحه ها
۹. مفرد - ج قُضات؛ قاضیان
۱۰. مفرد - ج فرایندها

شش.

۱. تنوع
۲. به طبع
۳. مطابقت
۴. حل وفصل
۵. نوآوری
۶. ضرورت
۷. به سزا
۸. زائد
۹. انقطاع
۱۰. لایحه

هفت.

۱. نادرست
۲. درست
۳. اشاره نشده

هشت.

۱. "مدیریت شهری عبارتست از اداره ی امور شهر برای ارتقای مدیریت پایدار مناطق شهری با در نظر داشتن و پیروی از اهداف، سیاست های ملی، اقتصادی و اجتماعی کشور" و یا

"مدیریت شهری به عنوان چارچوب سازمانی توسعه ی شهر، به سیاست‌ها،برنامه‌ها، و طرح‌ها و عملیاتی گفته می شود که بتواند رشد جمعیّت را با دسترسی به زیرساخت‌های اساسی مانند مسکن، اشتغال و مانند آن، مطابقت دهند"

۲. شهرداری‌ها از سویی مسئول انجام و تأمین بخشی از نیازمندیهای محلی شدند و از سوی دیگر، کارشناس و راهنمای شهر شناخته شده و سمت مشاور و نمایندگی دولت را در امور محلی و رفاهی به دست آوردند.
۳. شوراهای شهری
۴. تأثیر مثبت آن در اجتماعات روستایی و جوامع شهری، به دلیل نقش اساسی آن در کاهش تنش های اجتماعی، بالا بردن اعتماد اجتماعی و........ در راستای توسعه ی مشارکت های مردمی است.

نه.

۱. چهار
۲. شش
۳. دو
۴. پنج
۵. سه

ده.

۲. مشارکت های؛ مشارکت
۳. مستمری بگیران
۴. کارایی
۵. شفاف سازی

یازده.

۱. مطابقت داشتن: همخوان بودن؛ سازگار بودن
۲. تأثیر گرفتن | تأثیر پذیرفتن: اثر و نشان گرفتن تأثیر داشتن: مؤثر واقع شدن؛ اثربخش بودن
۳. بر عهده داشتن: مسئول بودن؛ بر دوش کشیدن
۴. به دست آوردن: کسب کردن
۵. گام برداشتن: حرکت کردن؛ رفتن به سوی
۶. ربط داشتن: مرتبط بودن
۷. به دنبال داشتن: در پی داشتن
۸. دست برداشتن: (غیررسمی) صرف نظر کردن
دست یافتن: موفق شدن؛ نائل شدن
دست داشتن: شریک بودن (در جُرم)
دست کشیدن (از): منصرف شدن؛ دست برداشتن
دست کشیدن (بر | به): لمس کردن
۹. سرعت بخشیدن: تسریع کردن؛ سریع انجام دادن
۱۰. شتاب بخشیدن: سرعت بخشیدن
شتاب داشتن: عجله داشتن
شتاب آوردن: شتافتن

دوازده.

۱. خود را با چیزی هماهنگ کردن یا ساختن: با چیزی وفق پیدا کردن؛ خود را با چیزی سازگار کردن
۲. نادیده گرفتن چیزی: توجه نکردن به چیزی؛ عنایت نداشتن به چیزی
۳. درزمینهٔ چیزی گام برداشتن: به سوی چیزی گام برداشتن؛ به چیزی اهتمام ورزیدن؛ برای تحقق چیزی تلاش کردن
۴. نقش ایفا کردن در چیزی: مؤثر بودن در چیزی؛ تأثیرگذار بودن در چیزی
۵. به سان چیزی: همانند چیزی؛ نظیر چیزی

سیزده.

۱. از ۲. برای ۳. در؛ برای ۴. بر؛ به ۵. در

چهارده.

۱. گام های چند
۲. مسئولان
۳. نهاد مدنی شورای حل اختلاف

پانزده.

پاسخ‌های متفاوتی می توان برای این سؤال ارائه کرد.

شانزده.

	واژه	ریشه	مثال ۱	مثال ۲	مثال ۳
۲.	اقتصاد	ق-ص-د	قصد	مقصود	قاصد
۳.	اقتدار	ق-د-ر	قدرت	قادر	مقتدر
۴.	تحول	ح-و-ل	مُحوّل	تحویل	متحول شدن
۵.	میزان	و-ز-ن	وزن	توازن	وزنه
۶.	نظارت	ن-ظ-ر	منظور	ناظر	نظر
۷.	اختلاف	خ-ل-ف	مخالف	خلاف	مختلف
۸.	تحکیم	ح-ک-م	حاکم	حکومت	محاکمه
۹.	حقوق	ح-ق-ق	حق	تحقق	محقق شدن
۱۰.	جرائم	ج-ر-م	جریمه	جُرم	مجرم

۱.

هفده.

۱. بر چیزی صحه گذاشتن: چیزی را تائید کردن؛ صحت چیزی را نشان دادن
۲. از صرافت چیزی/کاری افتادن: اندیشهٔ کاری را از سر بیرون کردن؛ کاری را فراموش کردن
۳. به آیندهٔ (چیزی) امید داشتن/بستن: به آیندهٔ چیزی امیدوار بودن؛ خواهان چیزی شدن

هجده.

۱. اخیر؛ گذشته
۲. روبرو
۳. گذار؛ گذر
۴. مطرح
۵. حالی

درس پنج

چهار.

۱. دست یافتن؛ تصرف؛ رسیدن به چیزی
۲. پیوسته؛ جدانشدنی
۳. سپردن؛ واگذار کردن
۴. روش؛ شیوه؛ اسلوب
۵. مخالفت (کردن/ورزیدن)
۶. آراستن؛ آماده کردن
۷. حاکم؛ فرمان دهنده؛ فرمانده
۸. نظرگاه؛ مقصود؛ جای نظر (انداختن)
۹. هماهنگی؛ همبستگی؛ روان شدن
۱۰. عهده دار؛ متعهد

پنج.

۱. مفرد - ج تعابیر؛ تعبیرات؛ تعبیرها
۲. مفرد - ج اجزاء؛ جزءها
۳. مفرد - ج جریان ها؛ جریانات
۴. مفرد - ج اهرام؛ هرم ها
۵. مفرد - ج اندیشه ها
۶. مفرد - ج عناوین؛ عنوان ها
۷. مفرد - ج صاحبان
۸. مفرد - ج بزرگ سالان
۹. جمع - م تبعه (در فارسی نوین کمتر رایج است)
۱۰. جمع - مفرد: غریزه

شش.

۱. پدرسری
۲. مترادف
۳. لیک
۴. شیوع
۵. ترجمان
۶. تنگنا
۷. همنوایی
۸. موجبات
۹. تحیر
۱۰. توجیه

هفت.

۱. اشاره نشده است
۲. اشاره نشده است
۳. درست

هشت.

۱. فرد هرلحظه به رنگی درمی آید، و با هر باد به یک سو سرگردان است.
۲. همین هنجار درست، چنانچه به زور تحمیل شود، کودک از اساس نظری و توجیه منطقی آن غافل می شود. لذا از آمر فاصله می گیرد و او را در دادگاه کوچک خود محاکمه و محکوم می کند.

۳. دوگانگی شخصیت از تبعات پیدایی قدرت در خانواده و عمودی شدن هرم آن است. شخصیت دوگانه از آن کسی است که از انسجام شخصیت برخوردار نیست و در هر موقعیت شخصیتی ویژه و ناپایدار ارائه می دهد.
۴. پیدایی اندیشه‌های جدید در باب قدرت در خانواده، ویژگی‌ها و حدود آن و تفویض آن به زن یا مرد موجب شد روشهای سنتی فروریزد و بی‌هنجاری به عنوان یکی از پیامدهای آن بروز نماید. در این صورت مشخص نیست حدود قدرت کجاست و چه کسی متکفل آن است.

نه.

۱. شش ۲. یک ۳. پنج ۴. چهار ۵. سه

ده.

۲. غافل
۳. ناسالم
۴. نادرستی
۵. دوگانه

یازده.

۱. فراهم نمودن: تدارک دیدن؛ آماده کردن
فراهم آوردن: فراهم نمودن
۲. تقسیم نمودن: تقسیم کردن؛ بخش کردن
۳. تحقق یافتن: محقق شدن؛ انجام شدن؛ درست شدن
۴. پدید آوردن: به وجود آوردن؛ خلق کردن؛ نوشتن
۵. تعبیه نمودن: آماده ساختن؛ آراستن
۶. فاصله انداختن: بین دو چیز ایجاد فاصله کردن
فاصله داشتن: دور بودن
فاصله گرفتن: دور شدن
۷. تسلیم نمودن: تسلیم کردن؛ تحویل دادن
تسلیم داشتن: تسلیم نمودن
۸. اتکا نمودن: اتکا کردن؛ تکیه کردن؛ اعتماد کردن
۹. انتظار داشتن: توقع داشتن
۱۰. بروز نمودن: نمودار شدن؛ پدیدار شدن
بروز یافتن: بروز نمودن

دوازده.

۱. به سیاق چیزی عمل کردن: به شیوهٔ چیزی عمل کردن؛ بر سَبیل چیزی رفتار کردن
۲. هر لحظه به رنگی درآمدن: دائماً عمل خود را تغییر دادن؛ دمدمی‌مزاج بودن؛ رفتاری بی ثبات (و منافقانه) داشتن
۳. با باد به سویی/جهتی رفتن: دائم نظر خود را عوض کردن؛ حزب باد بودن؛ منفعت‌طلب بودن
۴. از آنِ کسی است: به فردی تعلق است؛ مربوط به فردی است
۵. به زور متوسل شدن/توسل به زور: از خشونت و زور استفاده کردن؛ به کارگیری خشونت

سیزده.

۱. در ۲. از | از ۳. بر ۴. برای ۵. با

چهارده.

۱. جامعه
۲. سلام | تجربهٔ بزرگ سالی | سلام و ادای درست آن | هنجار درست
۳. قدرت | قدرت | فروریختن روش های سنتی

پانزده.

پاسخ‌های متفاوتی می‌توان برای این سؤال ارائه کرد.

شانزده.

	واژه	ریشه	مثال ۱	مثال ۲	مثال ۳
۲.	عظیم	ع-ظ-م	معظم	تعظیم	اعظم
۳.	تعبد	ع-ب-د	عابد	معبود	عبد
۴.	اعتقاد	ع-ق-د	عقد	عاقد	عقیده
۵.	مطرح	ط-ر-ح	طراح	طرح	طراحی
۶.	فاصله	ف-ص-ل	مفصل	تفصیل	فصول
۷.	منطقی	ن-ط-ق	ناطق	منطقه	نُطق
۸.	بلوغ	ب-ل-غ	بالغ	تبلیغ	بلیغ
۹.	انتظار	ن-ظ-ر	ناظر	نظارت	منتظر
۱۰.	مشخص	ش-خ-ص	شاخص	تشخیص	شخصی

هفده.

۱). هرز رفتن توان چیزی: به هدر رفتن توان چیزی؛ بیهوده صرف شدن چیزی

۲). حاکی از چیزی بودن: نشانگر چیزی بودن؛ از چیزی حکایت کردن

۳). عدول از چیزی: اعراض کردن از چیزی؛ برگشتن از چیزی

هجده.

۱). آشنا

۲). دست

۳). سر

۴). مواجه؛ روبرو

۵). می‌دهد

درس شش

چهار.

۱). در مورد؛ دربارهٔ

۲). مبنا؛ تمرکز؛ اساس

۳). ناحیه؛ کرانه؛ منطقه

۴). ایستایی؛ سکون

۵). تشریحی؛ توصیفی

۶). یک پاره؛ یک لخت

۷). [سیاست] دوری جستن از مشارکت در امور بین‌المللی

۸). برعکس؛ وارون

۹). سهل انگاری؛ فروگذاری

۱۰). ازاین رو؛ بنابراین

پنج.

۱). مفرد - ج صنعت ها؛ صنایع (که در اصل جمع "صنیعه" است، ولی در فارسی آن را برای جمع "صنعت" هم بکار می‌برند)

۲). جمع - م زاویه

۳). جمع - م علت

۴). مفرد - ج ضعف ها

۵). مفرد - ج توریست ها

۶). مفرد - ج کمبودها (در فارسی عامیانه به اشتباه از "کمبودات" هم استفاده می شود)

۷). مفرد - ج احساسات

۸). جمع - م عامل

۹). مفرد - ج سهام؛ سهم ها

۱۰). مفرد - ج سایرین

شش.

۱. امکان‌سنجی
۲. ژئومورفولوژی
۳. پایدار
۴. ناکامی
۵. نظام بسته سیاسی
۶. تحریم
۷. غیرواقع‌بینانه
۸. زیربنایی
۹. امکانات رفاهی
۱۰. ضرورت

هفت.

۱. نادرست
۲. اشاره نشده است
۳. درست

هشت.

۱. محورهای عمده این تحقیقات رابطه گردشگری با توسعه، گردشگری و اشتغال، امکان‌سنجی توسعه گردشگری در عارضه‌های طبیعی، یا مکانهای انسان‌ساخت، رابطه توسعه گردشگری با مدیریت، گردشگری و توسعه پایدار، ارائه الگوی توسعه گردشگری و....... می باشد.
۲. وی معتقد است که این کشورها برای رسیدن به توسعه پایدار گردشگری، نیازمند حمایت و همکاری نهادها و سازمانهای بین‌المللی هستند.
۳. کمبود امنیت در مناطق دارای جاذبه های اکوتوریستی و ضعف امکانات زیربنایی مهمترین موانع اکوتوریسم ایران بوده است.
۴. در پژوهش‌های خارجی، بر عوامل سیاسی و ایدئولوژیک تأکید زیادی شده است و بالعکس در تحقیقات داخلی از این عوامل غفلت شده است و عوامل دیگری نظیر عوامل امنیتی، اقتصادی و رفاهی را [؟] به عنوان مهمترین عوامل موانع توسعه گردشگری معرفی شده است.

نه.

۱. دو
۲. پنج
۳. یک
۴. شش
۵. چهار

ده.

۲. بازاریابی
۳. راهکار
۴. زیربنایی‌ترین
۵. سرمایه‌گذاران

یازده.

۱. متوجه ساختن: توجه فردی را به چیزی جلب کردن
متوجه نمودن: ر.ک. متوجه ساختن
۲. مهیا ساختن: آماده کردن؛ تدارک دیدن
مهیا نمودن: ر.ک. مهیا ساختن
۳. امکان داشتن: ممکن بودن؛ محتمل بودن
۴. به نتیجه رسیدن: به جمع بندی رسیدن؛ با پایان رسیدن
۵. تأکید ورزیدن: تأکید کردن؛ مورد تأکید قرار دادن
تأکید نمودن: تأکید کردن
تأکید داشتن: بر چیزی اصرار داشتن
۶. نادیده گرفتن: توجه نکردن؛ عنایت نکردن
۷. تبیین نمودن: توضیح دادن؛ شرح دادن؛ بیان کردن
۸. مرتبط ساختن: ارتباط دادن؛ ربط دادن
۹. پدید آوردن: تولید کردن؛ ایجاد کردن؛ به نگارش درآوردن
۱۰. برملا ساختن: آشکار کردن؛ راز را فاش کردن

دوازده.

۱. ناشی از چیزی بودن: به سبب چیزی ایجاد شدن؛ برگرفته از چیزی بودن؛ نشات گرفته از چیزی بودن
۲. به شناسایی چیزی پرداختن: چیزی را بررسی کردن؛ علت چیزی را واکاوی کردن
۳. از چیزی برآمدن: از چیزی نتیجه گرفتن؛ از چیزی منتج شدن
۴. از چیزی غفلت کردن: به چیزی توجه نکردن؛ چیزی را نادیده انگاشتن؛ از چیزی غافل بودن
۵. سهم ایفا کردن: نقش‌داشتن؛ مؤثر بودن؛ سهیم‌بودن در چیزی

سیزده.

۱. برای ۲. با؛ به ۳. به ۴. در ۵. در

چهارده.

۱. تحقیقات؛ پژوهش ها
۲. لیبی
۳. عوامل سیاسی و ایدئولوژیک

پانزده.

پاسخ‌های متفاوتی می توان برای این سؤال ارائه کرد.

شانزده.

	واژه	ریشه	مثال ۱	مثال ۲	مثال ۳
۲.	خارج	خ-ر-ج	خروج	اخراج	مَخرج
۳.	طبیعی	ط-ب-ع	طبع	مطبوع	طبیعت
۴.	موانع	م-ن-ع	ممنوع	منع	امتناع
۵.	جاذبه	ج-ذ-ب	جذاب	مجذوب	جذب
۶.	تحقق	ح-ق-ق	محقق	تحقیق	مُحق
۷.	امنیت	ا-م-ن	امان	امین	تأمین
۸.	متغیر	غ-ی-ر	تغییر	غیر	مغایرت
۹.	معرفی	ع-ر-ف	تعریف	عرف	عارف
۱۰.	ورودی	و-ر-د	وارد	مورد	ورود

هفده.

۱. منحصربه‌فرد بودن: بی‌نظیر بودن؛ بی‌همتا بودن
۲. شایان توجه بودن: درخور توجه بودن؛ آنچه باید به آن توجه شود
۳. خالی از کاستی بودن: بی عیب و نقص بودن؛ آرمانی بودن

هجده.

۱. کشور
۲. قرار
۳. درآمد(های)
۴. چرا
۵. توجهی

درس هفت

چهار.

۱. رودررو؛ رویارو
۲. ذات؛ مایه؛ اصل
۳. خوشایند بودن؛ شایستگی
۴. فراگیر؛ عام
۵. اولویت؛ رجحان
۶. دیدگاه؛ زاویه؛ نگرگاه
۷. رفتار؛ شیوه؛ نهج
۸. [مجاز] گفتگو و مذاکره
۹. تک بودن؛ یکی بودن؛ یکتایی
۱۰. دخالت؛ میانجی گری

پنج.

۱. مفرد - ج ساختارها
۲. مفرد - ج سطوح؛ سطح ها
۳. مفرد - ج معانی؛ معناها
۴. مفرد - ج اعمال؛ عمل ها
۵. جمع - م همه
۶. مفرد - ج توافقات؛ توافق ها
۷. جمع - م رأی
۸. مفرد - ج دولت ها؛ دُوَل
۹. مفرد - ج ارتباطات؛ ارتباط ها
۱۰. مفرد - ج ابواب؛ باب ها

شش.

۱. تابو
۲. سرشت
۳. تعمیم
۴. کنشگر
۵. مبتنی
۶. شأن
۷. نامشروط
۸. معقول
۹. همساز
۱۰. متأثر

هفت.

۱. نادرست
۲. نادرست
۳. درست

هشت.

۱. این نهادها محدودیت‌های غیررسمی (مانند: محدوده ها، تابوها ، سنت ها و قوانین رفتاری) و نیز محدودیت‌های رسمی (ساختارها، قوانین، حقوق معین) را شامل می شوند.
۲. نظریهٔ حق محور بر اولویت داشتن حق نسبت به استعداد فردی در چارچوب نهادی تأکید می کند و به دنبال ایجاد شرایط منصفانه در جامعه است.
۳. شرایطی که رالز وضعیت اولیه می نامد، شرایطی فرضی است که در آن همهٔ افراد در نقطهٔ صفر قرار دارند. به عبارت دیگر، در وضعیت اولیه شرایط یکسان و منصفانه‌ای برای همهٔ افراد جهت تصمیم‌گیری دربارهٔ اصول اولیهٔ عدالت فراهم است.
۴. عبارت از وضعیتی است که افراد از طریق گفتگو و چانه‌زنی، امکان رسیدن به نقطهٔ تعادل جدید به عنوان اصل مشترک را فراهم می کنند. این فرایند درواقع همسازکردن شرایط و آرای اولیه در باب عدالت است که نوعی ثبات را به وجود می آورد.

نه.

۱. یک ۲. شش ۳. چهار ۴. سه ۵. پنج

ده.

۲. الزامات | لازمه های
۳. منصفانه
۴. تصمیم گیری
۵. تمایلات | میل

یازده.

۱. به ارث رسیدن: به ارث بردن چیزی از کسی
۲. در بر گرفتن: شامل شدن؛ دارای چیزی بودن
دربرداشتن: شامل چیزی شدن
۳. اجازه گرفتن: رخصت گرفتن؛ درخواست مجوز کردن
اجازه داشتن: دارای مجوز بودن؛ دارای صلاحیت بودن
اجازه دادن: رخصت دادن؛ مجوز دادن
۵. به عمل آوردن: به ثمر رساندن؛ انجام دادن؛ به نتیجه رساندن
۶. درست دانستن: صحیح شمردن؛ جایز دانستن
درست کردن: ساختن؛ تولید کردن
۷. به وجود آوردن: تولید کردن؛ ساختن
۸. به همراه آوردن: چیزی را با خود آوردن؛ در کنار خود داشتن؛ به دنبال داشتن
به همراه کشیدن: [عامیانه] یدک کشیدن؛ در کنار داشتن
به همراه داشتن: در کنار خود داشتن
۹. فراهم آوردن: تدارک دیدن؛ تهیه نمودن؛ آماده ساختن
فراهم کردن: ر.ک. فراهم آوردن
۱۰. مداخله کردن: دخالت کردن؛ وارد شدن به چیزی
مداخله داشتن: در چیزی دخالت کردن
فرض کردن: پنداشتن؛ تصور کردن
فرض گرفتن: ر.ک. فرض کردن

دوازده.

۱. تمایز قائل شدن: فرق گذاشتن؛ تمیز دادن
۲. از منظر چیزی به چیزی نگریستن: چیزی را از زاویهٔ مشخصی موردبررسی قرار دادن
۳. در نقطهٔ صفر قرار داشتن: در آغاز راه بودن؛ تازه کار بودن؛ در ابتدای چیزی بودن
۴. مرجعی برای چیزی بودن: نقطهٔ رجوع چیزی بودن؛ در جایگاه پاسخ به چیزی بودن
۵. موردپسند فردی واقع شدن: موردقبول وی قرار گرفتن؛ توسط فردی انتخاب شدن؛ مناسب ذائقهٔ فردی بودن

سیزده.

۱. به.... ۲. بر ۳. با ۴. برای ۵. از

چهارده.

۱. عمل
۲. شرایط
۳. قرارداد اجتماعی

پانزده.

پاسخ‌های متفاوتی می توان برای این سؤال ارائه کرد.

شانزده.

	واژه	ریشه	مثال ۱	مثال ۲	مثال ۳
۲ .	تنظیم	ن-ظ-م	نظام	نظم	منظم
۳ .	رسمی	ر-س-م	رسوم	مراسم	مرسوم
۴ .	قوانین	ق-ن-ن	قانون	مقننه	تقنین
۵ .	نظریه	ن-ظ-ر	نظر	منظور	ناظر
۶ .	اکثر	ک-ث-ر	کثیر	کثرت	مکثور
۷ .	ترجیح	ر-ج-ح	مرجّح	رجحان	ارجح
۸ .	مشترک	ش-ر-ک	شرکت	شراکت	اشتراک
۹ .	تعادل	ع-د-ل	معتدل	عدالت	تعدیل
۱۰ .	حفظ	ح-ف-ظ	محفوظ	حافظ	محفظه

هفده.

۱. محاط دانستن: محصور دانستن؛ محدود به چیزی پنداشتن
۲. نقطهٔ تلاقی دو چیز: محل برخورد دو چیز؛ محل ملاقات دو چیز؛ نقطهٔ همپوشانی دو مطلب
۳. اتخاذ تدابیر: تصمیم‌گیری مدبرانه در چیزی؛ راهکار مناسب برای چیزی در پیش گرفتن

هجده.

۱. نظریه
۲. نظیر؛ مانند
۳. موقع؛ زمان
۴. پسند
۵. توجه؛ تأکید

درس هشت

چهار.

۱. الحاقی؛ همراه؛ به ضمیمه
۲. تشکیل، شکل گیری
۳. بالاتر؛ فوقانی؛ برین
۴. در پیش گرفتن؛ دنبال کردن
۵. ناظر؛ مسلط
۶. چیرگی؛ غلبه
۷. زشت‌انگاری؛ سیاه نمایی
۸. همراه؛ هم نشین
۹. تازگی؛ نوی؛ بکری
۱۰. محدود؛ محصور

پنج.

۱. مفرد - ج شبکه ها
۲. جمع - م رابطه
۳. مفرد - ج تصورها؛ تصورات
۴. مفرد - ج ساختارها
۵. مفرد- ج کرسی ها؛ کراسی
۶. مفرد - ج کانون ها
۷. مفرد - ج بینش ها
۸. جمع - م ابهام
۹. مفرد - ج موضع ها؛ مواضع
۱۰. مفرد - ج گفتمان ها

شش.
پاسخ های مختلفی می توان برای این سؤال ارائه کرد.

هفت.

۱. درست ۲. نادرست ۳. نادرست

هشت.

۱. خیر. به رغم نقد دیدگاه دولت–محور از قدرت در دیدگاه فوکو، واقعیت این است که دولت همچنان جایگاه محوری خود را حفظ کرده و نقش محوری در مشروعیت سیاسی در مدرنیته متأخر دارد.
۲. این نگرش درباره روش تبارشناسی فوکو، نشان می دهد که او چگونه درصدد طبقه‌بندی پرسش‌هایی در رابطه با مشروعیت یا اعتبار هنجاری بوده و اینکه چگونه تصوری بدیع از قدرت به خصوص در رابطه با قدرت مشرف بر حیات ارائه کرده است..
۳. علیرغم اینکه فوکو تعریفی از مقاومت ارائه نمی دهد، در اندیشهٔ وی مقاومت بر اطاعت اولویت دارد.
۴. تأملات فوکو درباره قدرت هنگامی برای نظریه سیاسی مفید است که قدرت با وجه سیاسی آن یکسان قلمداد نشود..

نه.

۱. شش ۲. سه ۳. یک ۴. چهار ۵. دو

ده.

۲. دیپلماتیک
۳. چگونگی
۴. چشم پوشی
۵. مأیوس کننده

یازده.

۱. موجودیت یافتن: موجود شدن؛ به وجود آمدن
موجودیت دادن: به وجود آوردن
۲. بی‌محتوا ساختن: بی معنی کردن؛ عاری از محتوا کردن
۳. سازش دادن: هماهنگ کردن؛ صلح برقرار کردن
۴. به خاطر آوردن: به یادآوردن
۵. متقاعد ساختن: راضی کردن؛ قانع کردن

دوازده.

۱. از ۲. در ۳. از ۴. به ۵. برای

سیزده.

۱. (بسط) مفهوم قدرت
۲. قدرت دولت
۳. مجموعه ای از قواعد تازه

چهارده.
پاسخ‌های متفاوتی می توان برای این سؤال ارائه کرد.

پانزده.

	واژه	ریشه	مثال ۱	مثال ۲	مثال ۳
۲.	نظامی	ن-ظ-م	نظام	منظم	ناظم
۳.	بسط	ب-س-ط	مبسوط	باسط	بساط
۴.	ممکن	م-ک-ن	تمکین	امکان	مکان
۵.	مؤلفه	ا-ل-ف	تألیف	مؤلف	الفت
۶.	تجربی	ج-ر-ب	مجرّب	تجربه	تجریب
۷.	اتخاذ	ا-خ-ذ	مأخذ	اخذ	مأخوذ
۸.	اطاعت	ط-و-ع	مطاع	طاعت	مطبوع
۹.	تقبیح	ق-ب-ح	مقبوح	قبیح	قُبح
۱۰.	ملازم	ل-ز-م	الزام	لزوم	لوازم

درس نه

چهار.

۱. نیازمند
۲. برخی از حکمرانان هندی
۳. توانگر؛ ثروتمند؛ سرمایه دار
۴. نظر؛ باور؛ گمان؛ پندار
۵. تشریفات؛ تجمل
۶. تماماً؛ یک دفعه
۷. خویشتن داری؛ قناعت
۸. مکانی است برای عزاداری
۹. نظام طبقاتی هندویی
۱۰. آنچه از آن نهی شده؛ منکرات؛ ناشایست ها

پنج.

۱. جمع - م هندی | هند
۲. جمع - م غنی
۳. جمع - م فقیر
۴. جمع - م هدیه
۵. جمع - م نذور | نُذُر
۶. جمع - م جَد
۷. جمع - م اول
۸. جمع - م اعظم
۹. جمع - م عمل
۱۰. مفرد - ج فرمان ها؛ فرامین (تصرف فارسی زبانان)

شش.

پاسخ های مختلفی می توان برای این سؤال ارائه کرد.

هفت.

۱. اشاره نشده ۲. نادرست ۳. نادرست

هشت.

۱. میزان مشارکت هندوان در این مراسم در میان روستائیان و شهرهای کوچک و نیز در میان زنان هندو بیشتر از دیگران بوده است.
۲. "با این حالات که بویی از مسلمانی و بانگ محمدی نیست، اعاظم و متمولین هنود تعزیه‌خانه‌های عالی به تکلف دارند و بعد از دیدن هلال ماه عزا، همگی رخت سوگواری پوشیده و ترک لذات کنند و بسیاری اند که بالمرّه از طعام و شراب کُفّ نفس نمایند".
۳. ممنوعیت تماس کاست های هندو با یکدیگر.
۴. خوردن گوشت و خریدوفروش تنبول.

نه.

۱. به ۲. یک ۳. پنج ۴. شش ۵. دو

ده.

۲. ولخرجی های
۳. چشمگیر
۴. ممنوع
۵. گسترده(تر)

یازده.

۱. چشم گشودن: چشم باز کردن؛ به دنیا آمدن؛ به هوش آمدن
۲. به راه انداختن؛ راه اندازی کردن؛ شروع کردن
۳. چشم پوشی کردن: نادیده گرفتن؛ اغماض کردن
۴. راهی کردن: فرستادن؛ روانه کردن
راهی شدن: عازم جایی شدن؛ آغاز سفر کردن
۵. نادیده گرفتن: توجه نکردن؛ اغماض کردن

دوازده.

۱. در ۲. به ۳. با ۴. از ۵. از

سیزده.

۱. آیین‌های مربوط به محرم
۲. یکی از گروه‌های هندو | برهمانان حسینی
۳. مساجد و عاشورخانه‌ها

چهارده.
پاسخ‌های متفاوتی می توان برای این سؤال ارائه کرد.

پانزده.

	واژه	ریشه	مثال ۱	مثال ۲	مثال ۳
۲.	محرّم	ح-ر-م	حرام	حریم	محروم
۳.	نفی	ن-ف-ی	منفی	نافی	مُنافی
۴.	توسّل	و-س-ل	متوسل	وسیله	وسایل
۵.	مصادف	ص-د-ف	تصادف	صُدفه	متصادف
۶.	اعاظم	ع-ظ-م	اعظم	معظم	عظیم
۷.	متموّل	م-ا-ل	تموّل	مال	اموال
۸.	تکلّف	ک-ل-ف	تکلیف	مکلّف	کُلفت
۹.	تَرک	ت-ر-ک	تارک	متروکه	متارکه
۱۰.	طعام	ط-ع-م	طعم	اطعام	مطعم

درس ده

چهار.

۱. گسست؛ جدایی
۲. فراوانی؛ فزونی؛ شدت
۳. بی شرمی؛ بی حیایی؛ وقاحت
۴. استفاده؛ به کارگیری
۵. بسیار خواهی؛ مبالغه
۶. ناهمسان؛ غیرمتجانس؛ متفاوت
۷. آتش زا؛ تفنگ توپ
۸. رواداری؛ آسان گیری
۹. به هرجهت؛ به هر حال
۱۰. مجموعهٔ افکار؛ کلان باورها؛ انگارگان

پنج.

۱. جمع - م تحول
۲. مفرد - ج تفاوت ها
۳. مفرد - ج اختلاف ها؛ اختلافات
۴. مفرد - ج عَوام
۵. جمع - م لازم | لازمه
۶. مفرد - ج ضعف ها
۷. جمع - م فقیه
۸. مفرد - ج عهدها | عهود
۹. جمع - م لطیفه
۱۰. جمع - م ترک

شش.

پاسخ‌های مختلفی می توان برای این سؤال ارائه کرد.

هفت.

۱. درست
۲. نادرست
۳. نادرست

هشت.

۱. اگر در قرن‌های سه تا پنج، میان عربی شرق و غرب تفاوت اندک بود، ازآن پس عربی شرقی مسیر خویش را برگزید، ادب به معنای امروزین کلمه، تقریباً به کلی از آن رخت بربست و به همین سبب عربی دامن برکشید [.......] ازآن پس شاید با اندکی تسامح و گستاخی بتوان عربی شرقی را عربی ایرانی خواند.
۲. استفاده از ترکیبات عربی به مقیاس وسیع آن در دوره‌های متأخر آغاز و شاید عصر صفویه و قاجار عصر افراط در استعمال این ترکیبات باشد.
۳. بارزالوجه، تحت الشعاع، حق الوکاله، فصل الخطاب، ساحت افلاک، منظورنظر، لوازم التحریر، مال الاجاره، سریع السیر، فاحشا بل افحش، لطائف الحیل، حسب الامر، حفظ الصحه، حق المرتع، متحدالمال، منصف الزاویه.
۴. آنان چون فارسی نمی دانستند، کتاب های خود را به عربی نوشتند و براثر این جریان، لغت‌ها و عبارتهای عربی هرچه بیشتر وارد زبان فارسی گردید.

نه.

۱. یک
۲. پنج
۳. دو
۴. سه
۵. چهار

ده.

۲. اشتراک
۳. نامفهوم
۴. تأثیر | اثر
۵. آمیزه ای

یازده.

۱. رخ دادن: اتفاق افتادن؛ روی دادن
۲. رخت بربستن: به پایان رسیدن؛ تمام شدن
۳. واپس ماندن: عقب ماندن؛ رشد نکردن
۴. رواج یافتن: رونق گرفتن؛ رایج شدن
رواج دادن: ترویج کردن؛ بسط دادن
۵. جمع بستن: اضافه کردن؛ افزودن

دوازده.

۱. از
۲. در
۳. از
۴. به
۵. از

148 کلید پیشنهادی

سیزده.

۱. انقطاع

۲. عربی شرقی

۳. روحانیان

چهارده.

پاسخ‌های متفاوتی می‌توان برای این سؤال ارائه کرد.

پانزده.

	واژه	ریشه	مثال ۱	مثال ۲	مثال ۳
۲.	انقطاع	ق-ط-ع	مقطوع	قطع	قاطع
۳.	تدریجی	د-ر-ج	مندرج	درجه	مدرّج
۴.	ادب	ا-د-ب	تأدیب	ادبیات	مؤدب
۵.	مکسّر	ک-س-ر	کسر	تکسیر	کسورات
۶.	متأخر	ا-خ-ر	تأخیر	اخیر	آخر
۷.	افراط	ف-ر-ط	مفرط	تفریط	فرط
۸.	استعمال	ع-م-ل	عامل	معمول	متعامل
۹.	انحصار	ح-ص-ر	محصور	منحصر	حصر
۱۰.	مسلّط	س-ل-ط	سلطان	تسلط	سُلطه

درس یازده

چهار.

۱. سؤال؛ پرسش

۲. اغراق

۳. رویکرد؛ روش

۴. مثابه؛ مانند؛ اعتبار

۵. اغماض؛ نادیده گرفتن

۶. نام آوران؛ ناموران

۷. فراموش کاری؛ نسیان

۸. فرهنگی در درون فرهنگی بزرگ تر

۹. افسانه

۱۰. با در نظر گفتن کاستی ها

پنج.

۱. مفرد - ج دوره ها

۲. مفرد - ج هویت ها

۳. جمع - م وضع

۴. جمع - م حال

۵. مفرد - ج تصویرها

۶. مفرد - ج متغیرها

۷. مفرد - ج مقاطع؛ مقطع ها

۸. مفرد - ج رتبه ها

۹. مفرد - ج حدود

۱۰. مفرد - ج قضاوت ها

شش.

پاسخ های مختلفی می توان برای این سؤال ارائه کرد.

هفت.

۱. نادرست

۲. نادرست

۳. درست

هشت.

۱. هویت قومی با میزان کاربرد ۰/۳۹ درصد، در کتاب های فارسی نادیده گرفته شده است.
۲. خیر.
۳. از سه مطالعهٔ انجام شده دربارهٔ کتاب های درسی مقطع ابتدایی، دو اثر نشان داده اند که محتوای کتاب‌های درسی نمی تواند نقش چندان مؤثری در شکل گیری و تحکیم هویت ملی که یکی از ابعاد مهم شخصیت سالم و رشد همه‌جانبهٔ فردی و اجتماعی دانش آموزان به شمار می رود، ایفا نماید.
۴. برخی دیگر از ابعاد هویت ملی شدیداً مورد غفلت قرار گرفته اند. ابعاد مذکور به ترتیب عبارتند از: هنجارهای ملی ، اسطوره‌های ملی، خرده‌فرهنگ‌های قومی، نمادهای ملی و تعاملات بین‌المللی .

نه.

۱. ده ۲. پنج ۳. شش ۴. دو ۵. یک

ده.

۲. کم‌رنگ
۳. جوانترین
۴. شدیداً
۵. دسته‌بندی

یازده.

۱. به شمار رفتن: حساب شدن؛ جزء چیزی قرار گرفتن
به شمار آوردن: در زمرهٔ چیزی قرار دادن؛ از چیزی دانستن
۲. اهمیت دادن: اعتنا کردن
اهمیت داشتن: مهم بودن
۳. اذعان داشتن: اقرار کردن؛ پذیرفتن؛ خاطرنشان کردن
۴. مناسب شمردن: قابل قبول دانستن
۵. به بار آوردن: ثمر دادن؛ نتیجه ای در پی داشتن

دوازده.

۱. به ۲. به ۳. در ۴. برای ۵. از

سیزده.

۱. آشنایی کم با هویت ملی خود
۲. وضعیت مشابه

چهارده.

پاسخ‌های متفاوتی می توان برای این سؤال ارائه کرد.

پانزده.

	واژه	ریشه	مثال ۱	مثال ۲	مثال ۳
۲.	قومی	ق-و-م	قومیت	مقوم	تقویم
۳.	متوسطه	و-س-ط	توسط	وسط	توسط
۴.	احوال	ح-و-ل	حال	محوّل	تحویل
۵.	توجه	و-ج-ه	موجّه	توجیه	وجه

کلید پیشنهادی **150**

واژه	ریشه	مثال ۱	مثال ۲	مثال ۳
۶. مشاهیر	ش-ه-ر	شهیر	شهرت	مشهور
۷. میراث	ا/و-ر-ث	ارث	ارثیه	وارث
۸. مفید	ف-ی-د	فایده	مستفاد	استفاده
۹. تقویت	ق-و-ی	قُوا	مقوّی	قوّت
۱۰. مقایسه	ق-ی-س	قیاس	مقیاس	مقیس

درس دوازده

چهار.

۱. شیوه؛ الگو؛ روش
۲. تازه؛ با طراوت
۳. راضی؛ خرسند
۴. مجرد؛ ذهنی؛ آهنجیده
۵. کارکشته؛ باتجربه

۶. گرایش؛ روش
۷. تفلسف کردن؛ اندیشه (فلسفی) کردن
۸. گرفتاری؛ تنگنا
۹. ضدیت؛ اختلاف؛ ناسازگاری
۱۰. متانت؛ پختگی

پنج.

۱. جمع - م سخن
۲. مفرد - ج متن ها؛ متون
۳. جمع - م محقق
۴. مفرد - ج خوانندگان
۵. جمع - م معنی

۶. مفرد - ج پدیده ها
۷. مفرد - ج مسئله ها؛ مسائل
۸. جمع - م فیلسوف
۹. مفرد - ج سکوها
۱۰. مفرد - ج قضاوت ها

شش.

پاسخهای مختلفی می توان برای این سؤال ارائه کرد.

هفت.

۱. نادرست   ۲. درست   ۳. اشاره نشده

هشت.

۱. لیپمن بر این باور است که دانشجویان تحصیلات تکمیلی در رشته فلسفه، برای مطالعه متون بسیار انتزاعی، انگیزه‌ای شخصی و درونی دارند، اما کودکان نیازمند این هستند که برای چنین کاری برانگیخته شوند.

۲. اگرچه پیاژه معتقد است کودکان از پس مفاهیم انتزاعی برنمی آیند، به باور لیپمن بهتر است بگوییم، کودکان نمی خواهند مجبور شوند با واژگان و اصطلاحاتی تخصصی، خشک و انتزاعی درگیر شوند.

۳. داستان‌ها به گونه ای نوشته می شوند که شماری از باورهای گوناگون فلسفی، به تصادف، در هر صفحه پخش شده باشد.

۴. ادبیات آموزشی، ادبیاتی است که در خود، همان گونه که هست ارزشمند است و به کار می آید.

نه.

۱. چهار   ۲. شش   ۳. یک   ۴. پنج   ۵. سه

ده.

۲. تکمیلی
۳. هم‌کلاسی‌های
۴. آگاهانه
۵. جهت گیری

یازده.

۱. به نگارش درآوردن: نوشتن؛ به رشتهٔ تحریر درآوردن
۲. لازم آمدن: واجب شدن
لازم داشتن: نیاز داشتن
۳. اظهار داشتن: بیان کردن؛ گفتن
۴. اختصاص داشتن: مخصوص چیزی بودن
اختصاص یافتن: تخصیص دادن؛ متعلق به چیزی بودن
۵. مطرح ساختن: طرح کردن؛ بیان نمودن

دوازده.

۱. برای ۲. تا ۳. برای ۴. به ۵. از

سیزده.

۱. تخیل، موقعیتی فرضی، گفت‌وگویی پرتحرک، شخصیت هایی زنده، سبکی پرطراوت، جان‌دارانگاری، طنز
۲. کودکان
۳. باورها(ی گوناگون فلسفی)

چهارده.
پاسخ‌های متفاوتی می توان برای این سؤال ارائه کرد.

پانزده.

	واژه	ریشه	مثال ۱	مثال ۲	مثال ۳
۲.	تحرّک	ح-ر-ک	تحریک	حرکت	محرک
۳.	ظریف	ظ-ر-ف	ظرف	مظروف	ظرافت
۴.	انتزاعی	ن-ز-ع	نزاع	منازعه	منتزع
۵.	فهم	ف-ه-م	فهیم	فاهمه	مفهوم
۶.	معاصر	ع-ص-ر	عصاره	عصر	عصیر
۷.	جذاب	ج-ذ-ب	مجذوب	جذب	جاذب
۸.	عَرضه	ع-ر-ض	معرض	عارضه	معارض
۹.	مخاطره	خ-ط-ر	خطیر	خطر	خاطر
۱۰.	ماجرا	ج-ر-ی	جریان	مجرا	مجری

درس سیزده

چهار.

۱. رویارویی؛ مقابله
۲. تواتر؛ پی درپی آمدن
۳. بدون حرکت
۴. هماهنگ؛ همگن
۵. عبادتگاه (یهود)؛ کنشت
۶. محمول
۷. دور چیزی گردیدن
۸. الهام؛ درک
۹. جفاکار؛ ستمکار
۱۰. عبادات؛ نیایش ها

پنج.

۱. مفرد - ج نکته ها؛ نکات
۲. مفرد - ج اجتماع ها؛ اجتماعات
۳. جمع - م تعریف
۴. جمع - م فاصله
۵. جمع - م عید
۶. جمع - م شیء
۷. جمع - م مرتبه
۸. مفرد - ج توقعات؛ توقع ها
۹. مفرد - ج تعلیم ها؛ تعالیم؛ تعلیمات
۱۰. جمع - م یوم

شش.
پاسخ‌های مختلفی می توان برای این سؤال ارائه کرد.

هفت.

۱. درست ۲. نادرست ۳. اشاره نشده

هشت.

۱. برای انسان مذهبی زمان نیز همچون مکان نه همانند است و نه مداوم و او دو نوع زمان مقدس و غیرمقدس را در زندگی خود تجربه می کند.
۲. تورات به مراتب بیش از دو کتاب دیگر به بایدها و نبایدها در رابطه ما و مکان‌های مقدس پرداخته است، به طوریکه سهم گزاره‌های این حوزه در آن ۱۶ برابر قرآن و ۶. ۶ برابر انجیل است.
۳. انجیل می گوید از حضور در مجالس عبادت کلیسایی غافل نشوید + وقتی در کلیسا جمع می شوید، سرود، تعلیم، زبان و مکاشفه هر یک از شما به زبان های مختلف یا با ترجمه، باید برای تقویت ایمان بکار رود + از کسانی که در عبادتگاه ها دوست دارند در صدر بنشینند نباشید.
۴. تورات می گوید: سه بار در سال برای خداوند جشن بگیرید (عید فطیر، عید درو، عید جمع آوری محصولات). انجیل می خواهد: در روز سبت، نیکی کردن را روا بدانید. و قرآن می گوید: همچون کسانی که به [حکم] (تعطیلی) روز شنبه تجاوز می کردند، نباشید.

نه.

۱. دو ۲. چهار ۳. شش ۴. پنج ۵. سه

ده.

۲. میانگین
۳. عبادتگاه‌ها
۴. مشابهت
۵. اطمینان

یازده.

۱. به نظر رسیدن: همچون چیزی جلوه کردن؛ مانند چیزی ظاهر شدن
۲. ایمان آوردن: از مؤمنین شدن
۳. در صدر نشستن: بالا نشستن
در صدر آوردن: در ابتدا قرار دادن
۴. به کار رفتن: استفاده شدن؛ به کار گرفته شدن
۵. جای دادن: قرار دادن؛ در زمرهٔ چیزی آوردن

دوازده.

۱. در ۲. با ۳. به ۴. از ۵. به

سیزده.

۱. امر مقدس و غیرمقدس
۲. جایگاه (مقدس)
۳. صندوق الواه گواه

چهارده.

پاسخ‌های متفاوتی می توان برای این سؤال ارائه کرد.

پانزده.

	واژه	ریشه	مثال ۱	مثال ۲	مثال ۳
۲.	فاقد	ف-ق-د	مفقود	فقدان	فقید
۳.	مقوله	ق-و-ل	مقاله	قول	مقاوله
۴.	متجانس	ج-ن-س	تجانس	جنس	جناس
۵.	مداوم	د-و-م	دوام	تداوم	متداوم
۶.	توالی	و-ل-ی	متوالی	والی	ولی
۷.	رابطه	ر-ب-ط	مربوط	مرتبط	ربط
۸.	مطرح	ط-ر-ح	طرح	طراح	طراحی
۹.	احترام	ح-ر-م	حرمت	محترم	تحریم
۱۰.	صدر	ص-د-ر	مصدر	صادر	صدور

درس چهارده

چهار.

۱. جروبحث؛ مناقشه؛ پرخاشگری
۲. خیالی؛ غیرواقعی
۳. صوری؛ شکلی
۴. ضدیت؛ رودررویی؛ برهم کنش
۵. رد؛ نفی
۶. برابرسازی؛ کاستن
۷. تشکیل شده
۸. مناقشه؛ دعوا
۹. برداشت؛ تفسیر
۱۰. مشهور؛ معمول؛ متداول

پنج.

۱. مفرد - ج جایگاه ها
۲. مفرد - ج روایت ها
۳. مفرد - ج مستندها | مستندات
۴. مفرد - ج مخاطب ها؛ مخاطبان
۵. مفرد - ج ژانرها
۶. مفرد - ج توهمات؛ توهم ها
۷. مفرد - ج خطرها؛ خطرات
۸. مفرد - ج بررسی ها
۹. جمع - م مناسبت؛ مناسبة
۱۰. مفرد - ج امور

شش.

پاسخ‌های مختلفی می توان برای این سؤال ارائه کرد.

هفت.

۱. نادرست
۲. درست
۳. نادرست

هشت.

۱. ازیک طرف روایت سینمایی بـه مـثابه روایتی توهمی نفی می شود. و از طرف دیگر روایت سینمایی چیزی همچون روایت مستند قلمداد می شود..

۲. کلوزآپ؛ میکس؛ سلام سینما؛ وقتی همه خواب بودیم؛...........
۳. پارادوکس متاسینمای ایرانی در این است که همیشه سعی دارند توهمی‌بودن سینما را نشان دهند، در حالی که قضیه همان اندازه هم به نشان دادن توهمی‌بودن واقعیت برمی گردد..
۴. سینما در جایگاه تهدیدی برای نظم امور، امری حقیقی در مجاورت زندگی روزمره و سینما به مثابه فرمی که در خلق آن ناتوان هستیم..

نه.

۱. پنج ۲. چهار ۳. سه ۴. دو ۵. یک

ده.

۲. متشکل
۳. مجاورت
۴. اصیل
۵. یادآور

یازده.

۱. به چشم خوردن: دیده شدن؛ مشاهده شدن
به چشم کشیدن: (کنایه از) با احترام پذیرفتن
۲. به بازی گرفتن: جدی نگرفتن؛ به سخره گرفتن
۳. به چالش کشیدن: با سؤال مواجه ساختن؛ با مشکل روبرو کردن
۴. مواجه ساختن: روبرو کردن
مواجه شدن" روبرو شدن
۵. یکی ساختن: یکی کردن
یکی شدن: همراه شدن؛ یکسان شدن

دوازده.

۱. به ۲. به ۳. بر ۴. با ۵. در؛ برای

سیزده.

۱. جامعه و فرهنگ (ایرانی-اسلامی)
۲. جایگاه عینی سینما
۳. فُرم

چهارده.
پاسخ‌های متفاوتی می توان برای این سؤال ارائه کرد.

پانزده.

	واژه	ریشه	مثال ۱	مثال ۲	مثال ۳
۲.	مجادله	ج-د-ل	جدل	جدال	جدالی
۳.	انحراف	ح-ر-ف	حروف	تحریف	منحرف
۴.	اَشکال	ش-ک-ل	شکیل	مشکل	شکل
۵.	توهمی	و-ه-م	وهم	متوهم	واهمه
۶.	حقیقت	ح-ق-ق	محقق	تحقیق	حقوق
۷.	تقابل	ق-ب-ل	قبول	قابل	مقابله
۸.	تردید	ر-د-د	تردد	مردّد	ردّ
۹.	تضادّ	ض-د-د	مضادّ	اضداد	ضد
۱۰.	انکار	ن-ک-ر	نکیر	انکرالاصوات	منکر

نمایه

الف
ابتدایی، دوره ۹۱، ۹۵
اخلاق ۱۳، ۵۵، ۶۱-۵۶، ۶۵، ۱۰۱
ادبیات ۵-۳، ۲۴، ۲۹، ۱۰۱-۹۹
اروپا ۴۸
استیلا ۶۴
اسطوره ۹۲
اسکان ← سکونت
اسلام ۲۴، ۳۳، ۹۱، ۱۱۸
اشتغال ۳۲، ۴۸
اصفهان ۲۵، ۳۳
اعتبار ۵-۴، ۶۴، ۱۰۱
اعراب ۲۴
افلاطون ۱۱۸
اقتدار ۳۲، ۴۰، ۶۴
اقتصاد ۵، ۱۷-۱۶، ۲۱، ۳۳-۳۲، ۴۹-۴۸، ۵۷-۵۵، ۶۴
الهی ۱۰۹، ۱۱۰
امنیت ۲۴، ۴۹-۴۸
انتزاعی ۱۰۱-۱۰۰
انجیل ۱۱۰-۱۰۹
انسان ۹-۸، ۱۷-۱۶، ۳۷، ۴۰، ۴۹-۴۸، ۵۷-۵۶، ۶۱، ۶۵-۶۴، ۱۰۱، ۱۰۹
انقلاب ۳۲، ۹۱، ۱۱۹-۱۱۸
ایدئولوژی ۹-۸، ۴۹-۴۸، ۶۵، ۸۳
ایران ۳، ۵، ۲۵-۲۴، ۲۹، ۳۳، ۳۷، ۴۹-۴۸، ۵۳، ۸۳-۸۲، ۹۱، ۱۱۹-۱۱۸
آزادی ۸، ۵۶، ۶۵
آسمانی ۱۰۹
آشوکا ۲۴
آکادمیک ← دانشگاهی
آموزش ۶-۳، ۹۱، ۱۰۱-۱۰۰
آموزگار ← معلم
آنالیز ← تحلیل
آیین ۲۴، ۳۳، ۷۳-۷۲، ۱۰۹

ب
باستان ۱۷، ۹۱
باور ۱۰۸-۱۱۰
برهمن ۷۴-۷۳
بهار، محمدتقی ۲۵
بین‌المللی ۳، ۴۹-۴۸، ۵۳، ۶۴، ۹۲

پ
پارادوکس ۱۱۹-۱۱۸
پارسی، قوم ۲۵-۲۳
پدر ۴۱-۴۰، ۴۵
پژوهش ۵-۳، ۴۹-۴۸، ۶۵، ۹۱
پژوهشگر ۵-۳، ۴۸، ۹۱
پهلوی، دوره ۹۱
پیاژه، ژان ۱۰۰
پیش‌دانشگاهی ۹۱

ت
تابو ۵۶
تاریخ ۳، ۵، ۹-۸، ۱۳، ۲۴-۲۳، ۴۱-۴۰، ۴۵، ۴۸، ۵۳، ۶۵
تبارشناسی ۶۴
تبلیغات ۴۸
تحصیل ۹۲
تحصیلات تکمیلی ۱۰۰
تحلیل ۱۳، ۶۵-۶۴
تخصصی ۴، ۳۲، ۱۰۰
ترجمه ۳، ۲۹، ۱۱۰
ترکیه ۴۸
تسنن ۸۳

نمایه **156**

تشیع ← شیعه
تعزیه ۷۲-۸۲
تکنولوژی ۶۵، ۱۱۸
تمدن ۷، ۹، ۱۳
تورات ۱۰۹-۱۱۰
توریسم ← گردشگری
توسعه ۸، ۳۲-۳۳، ۳۷، ۴۸-۴۹، ۵۳
توسل ۷۳

ج
جامعه ۲۹، ۳۳، ۳۷، ۴۰، ۴۵، ۵۶-۵۷، ۸۳، ۱۰۰، ۱۱۸-۱۱۹
جامعه‌شناسی ۳، ۵، ۹-۸
جوان ۹۱

چ
چادرنشینی ۱۷-۱۵، ۲۱
چالش ۸، ۳۷، ۴۸-۴۹، ۱۱۸

ح
حقوق ۳۲، ۵۶
حسین بن علی ۷۴-۷۳
حکومت ۲۴، ۴۸، ۷۳
حیدرآباد ۷۳

خ
خارجی ۴۹
خانواده ۴۱-۳۹، ۴۵
خراسان ۲۴
خردسال ← کودک
خشونت ۶۴
خطاطی ۸۱
خلیج فارس ۲۴

د
داستان ۱۳، ۹۱، ۱۰۱-۹۹، ۱۱۸-۱۱۹
دامداری ۱۷-۱۶
دانشگاهی ۳-۵
درسی، کتاب ۹۰-۹۲، ۱۰۰
دسته (عزا) ۷۳
دکن ۷۳
دموکراسی ← مردم‌سالاری
دورکیم، امیل ۸
دورۀ ابتدایی ← ابتدایی، دوره
دولت ۳۲، ۴۸-۴۹، ۵۷، ۶۴-۶۵، ۱۱۸
ده ۱۶، ۳۲، ۴۹-۲۸، ۵۳، ۷۳
دهکده ← ده
دین ۳، ۵، ۲۴، ۲۸، ۸۳، ۹۱

ذ
ذاتی ۶۱، ۶۴، ۱۰۰
ذهنی ۹۹

ر
رالز، جان ۵۶-۵۷
رژیم ۶۴

رشته (درسی) ۴-۳، ۸، ۱۰۰
رمان ۱۰۰
روایت ۸-۹، ۱۳، ۲۴، ۱۱۸-۱۱۹
روحانی ۲۴، ۸۲
روستا ← ده
روشنگری ۸
رئالیست ۱۱۸

ز
زاگرس، رشته‌کوه ۱۶
زبان ۶-۴، ۸، ۲۵-۲۴، ۲۹، ۸۳-۸۱
زراعت ← کشاورزی
زرتشتی ۲۴
زمینی ۱۰۹
زیبایی ۱۰۱
زیرساخت ۳۲
زیستگاه ۱۷-۱۶

ژ
ژانر ۱۱۹-۱۱۸

س
ساسانیان ۲۴
سانسکریت ۲۹
سرمایه‌گذاری ۴۹
سعدی ۱۱، ۸۱
سکونت ۱۷-۱۵، ۲۱
سلسله ۲۴، ۷۳
سوژه ۶۵، ۱۱۸
سوسیالیسم ۴۸
سیاست ۳، ۵، ۲۵-۲۴، ۳۲، ۴۸-۴۹، ۵۶، ۶۴-۶۵، ۷۳، ۹۱،
۱۱۹-۱۱۸
سینما ۱۱۹-۱۱۷

ش
شاعر ۲۵، ۸۱
شبکه ۶۴
شبه‌قاره ← هند
شرق ۷، ۸۲
شعر ۲۵، ۹۱
شورا ۳۳-۳۲
شهرنشینی ۳۲، ۳۷
شیخ اجل ← سعدی
شیعه ۷۳، ۸۳

ص
صفویه ۲۵-۲۳، ۸۳-۸۲
صنعت ۳۷، ۴۸-۴۹، ۵۳

ط
طلا ۱۱۰
طنز ۱۰۰

ع
عاشورخانه ۷۳

۱۵۷ نمایه

عدالت ۳۳، ۵۷، ۵۶-۵۷، ۶۱
عربی ۲۹، ۴۸، ۸۳-۸۱
عرب‌زبان ۸۳
عزاداری ۷۳-۷۲
عقلانیت ۱۳، ۶۴
علوم انسانی ۳-۴
عید ۱۱۰
عینی ۶۴، ۱۱۸

غ
غرب ۸، ۱۳
غزنویان ۲۴
غلات ۱۶

ف
فارسی، زبان ۶-۳، ۲۵-۲۴، ۲۹، ۸۳، ۸۱، ۹۲-۹۱
فانتزی ۱۱۹-۱۱۸
فایده‌گرایی ۵۶
فراملی ۶۴
فرانسه ۶۵-۶۴
فردوسی ۳
فرهنگ ۹-۷، ۱۳، ۲۵-۲۴، ۳۳، ۴۰-۳۹، ۴۹-۴۸، ۵۳، ۷۳،
۸۲-۸۳، ۹۱، ۱۱۸
فضیلت ۶۱
فقه ۸۲-۸۳
فلسفه ۵، ۱۰۱-۱۰۰
فوکو، میشل ۶۵-۶۴
فوکویاما، فرانسیس ۱۳
فیلم ۱۱۷-۱۱۹

ق
قاجار، سلسله ۸۲
قانون اساسی ۳۳
قدرت ۸، ۴۱-۴۰، ۴۵، ۶۵-۶۳
قرآن ۱۱۰-۱۰۹
قومیت ۷۳، ۹۲-۹۱، ۱۰۹

ک
کانون ۶۵
کتاب ۸، ۲۹، ۸۳، ۹۲-۹۰، ۱۰۱-۱۰۰، ۱۱۰-۱۰۹
کربلا ۷۳
کُره، شبه جزیره ۴۸
کشاورزی ۱۶
کلاسیک ۵۶
کلیسا ۱۱۰-۱۰۹
کُش ۵۶، ۶۵-۶۴
کنیسه ۱۰۹
کوچ ۱۷-۱۶، ۲۱، ۲۵-۲۴
کودک ۴۰، ۴۵، ۹۱، ۱۰۱-۹۹
کیفری ۳۳، ۶۵

گ
گجرات ۲۴
گردشگری ۴۹-۴۷، ۵۳

گزاره ۶۴، ۱۱۰-۱۰۹
گفتمان ۴، ۸، ۶۵-۶۴، ۸۳

ل
لیبرال ۶۵
لیبی ۴۸

م
ماتریالیسم ۶۵
مادر ۴۱-۳۹، ۴۵
مارکس، کارل ۸، ۶۴
ماکیاولی، نیکولو ۶۵
متمدن ← تمدن
متوسطه، دوره ۹۲-۹۱
مجلس (شورای اسلامی) ۳۳
مُحکم ۷۳-۷۲
محیط زیست ۱۶
مدرن ۹-۸، ۱۳، ۳۷، ۶۵-۶۴، ۱۱۹-۱۱۸
مدرنیته ← مدرن
مدنی ۳۳
مدیریت ۳۲، ۳۷، ۴۹-۴۸
مردم‌سالاری ۵۶، ۶۴
مردم‌نگاری ۱۷-۱۶
مزدیسنان ۲۴
مستند، فیلم ۱۱۸
مسجدالحرام ۱۰۹
مسلمان ۲۴، ۷۳، ۱۱۰-۱۰۹
مسیحی ۱۱۰-۱۰۹
مشروع ۵۷، ۶۴
مطالعه ۴۹-۴۸، ۹۱، ۱۰۰
مطلوبیت‌گرایی ۵۷-۵۶
معاصر ۵-۴، ۱۳، ۱۰۱
معرفت‌شناسی ۶۵
معلم ۱۰۰
معیشت ۱۷-۱۶، ۲۱
مغولان ۲۴
مقاومت ۶۵-۶۴
مقدس ۱۱۰-۱۰۸
مونتاژ ۱۱۹
مهاجرت ۲۵-۲۳، ۲۹

ن
ناصرالدین شاه، فیلم ۱۱۸
نثر ۴، ۹۱
نذر ۷۳
نسل ۴۱-۴۰، ۴۵
نگارش ۵-۳
نماد ۹۲-۹۱
نوسنگی، دورهٔ ۱۷-۱۶
نهاد ۳۳-۳۲، ۴۰، ۴۸، ۵۷-۵۶، ۶۴

و
واقعیت ۱۰۰، ۱۱۹-۱۱۸
وزارت علوم ۳

نمایه   **158**

هندوستان ← هند
هویت، ۶۵، ۹۲-۹۰، ۱۰۰

ی
یادگیری ۵
یهود، دین ۱۱۰-۱۰۹

هـ
هرمز، جزیره ۲۴
هژمونی ۹-۸
هگل، گئورگ ویلهلم فردریش ۱۳، ۶۵
هنجار ۱۳، ۴۱-۴۰، ۵۶، ۶۴، ۱۱۰-۱۰۹
هند ۲۵-۲۳، ۲۹، ۷۳
هندو ۷۳